子どもの運動神経をグングン伸ばすスポーツの教科書

跟運動教練教出
專注不放棄
的孩子

日本頂尖體適能暨運動心理教練
中野・詹姆士・修一 著
游韻馨 譯

序

「我想讓孩子多多運動——」

這是所有購買本書的家長心中最大的願望。

讓孩子多多運動是一件很好的事情。可是，為什麼家長會想要「讓孩子運動」？換個角度來看，為什麼家長必須刻意讓孩子運動？

在一個人成長的過程中，會接觸到兩種運動。

一種是毋須特別練習、天生就會的「走路、跑步」等運動，這類運動稱為「種系發生運動」（種系演化自然發展出的運動）。

另一種則是一定要練習的「投球、打球、跳繩、後翻上單槓」等運動，這類運動稱為「個體發生運動」（因應個體演化而發展出的運動）。

種系發生運動是過去每個人都會做的運動，最近卻有愈來愈多的孩子不得要領，一跑步就跌倒、跑步姿勢更是奇怪……明明應該是與生俱來的身體活動，做起來卻很生澀。

我認為造成這個結果的原因，就在於環境。一般來說，孩子們都是在遊戲中學會運動方式，但近來可以玩遊戲的場所愈來愈少，孩子們一下課就必須上補習班或去學才藝，根本沒時間玩遊戲，不然就是沉迷於電視節目或電動玩具，完全不碰需要活動身體的遊戲，如此一來，學習運動的機會自然就會變少。

另一方面，日本小學運動會的短跑項目，採用不計名次的方式舉辦，廢除了運動帶來的「競爭性」，也造成了孩子不擅長運動的結果。正因為有競爭性，孩子們才會努力跑步，才會積極學習跑得更快的方法。若是這類寬鬆的教育愈來愈興盛，就不可能提升孩子們的跑步能力。

家長或許就是察覺到自己小孩的運動能力不足，才會希望孩子多多運動。

我是一位體適能教練與健身指導專家，必須從心理和生理層面指導客戶，給予建議。

除了擔任桌球選手福原愛以及網球女將伊達公子等世界頂尖運動員的教練之

外，我也指導過無數職業運動員和一般民眾。

最近我接到了愈來愈多家長的請託，希望我擔任小孩的「家庭體育老師」，這個現象也佐證了不擅長種系發生運動的小孩愈來愈多的事實。

根據我個人的觀點，我認為不會跑步的孩子都有下列特性：

◉腳踝沒有彈性。

◉腳底為扁平足，無法用腳掌抓地或蹬腳起步。

◉髖關節歪斜，無法抬起膝蓋。

◉無法屈膝並運用腿後腱肌群（腿部後方肌肉）蹬腳起步。

◉不清楚身體重心該放在哪裡。

這些原本都是人類天生就會，而且不必刻意就能做出來的運動行為。

不過，不會跑步的小孩，身體會過度施力，跑起來就會綁手綁腳。最理想的跑步姿勢，是全身就像鞭子或彈簧一樣活動順暢，跑步時帶有躍動的感覺。仔細觀察全世界的頂尖運動員就會發現，他們跑步時身體相當放鬆，跑起來也很順暢。

現今的時代與環境，令人慢慢喪失了從事種系發生運動的天分，對於這樣的現況我們無力回天，不過，各位家長可以和孩子一起運動，讓孩子們自然學會活動身體的方法，這也算是塞翁失馬，焉知非福。此外，我也希望所有家長都能具備相關知識，了解該讓孩子們從事什麼樣的運動，相反的，也要知道哪些運動絕對不能讓孩子接觸。

本書將以淺顯易懂的方式，解說該如何提升孩子的運動意願、孩子發育與日常飲食的關聯性、孩子的身體構造和成長發育、以及運動效能等重點，並不侷限於「增強孩子的運動神經」。我希望能與更多家長分享，活動身體的重要性與好處。

此外，書中也介紹了許多親子可以一邊玩樂一邊運動的方法，這些運動不只能幫助孩子，也能幫助家長解決運動不足與壓力等問題。我在指導客戶時，通常都會利用「自我狀態問卷」進行個性測驗，建議各位家長也能善用書中的問卷表，了解自己與孩子的個性。

引發孩子的運動意願、提升運動能力的關鍵，就在各位家長手上。各位才是孩子的「私人運動教練」。

現在就跟著我開始運動吧！

中野・詹姆士・修一

讓孩子運動
已成為現代父母的義務

理由❶
運動能力低落

根據日本文部科學省公布的「體力・運動能力調查」結果，學童的體力與運動能力，從西元1985年左右至今，持續呈現下滑趨勢。此調查也顯示，男女學童的身高平均都長高了兩公分，身高長高了，體力與運動能力卻都下降了。造成這個結果的原因，不只是「電玩等室內遊戲愈來愈多」，還包括「家長不帶小孩出去玩」。由此可見，家長對於「孩子運動能力低落」的結果也要負很大的責任。

理由❷
肥胖兒童增加

根據日本文部科學省公布的「年齡別肥胖傾向兒童[注]出現率變遷調查（1977~2006年度）」結果，比較1977年與2006年的數據，發現小學入學的6歲學童「肥胖傾向兒童出現率」，從2.62%增加2倍，達4.76%；國中入學的12歲學童「肥胖傾向兒童出現率」，也從6.64%增加至10.26%，高出1.5倍。現代社會豐衣足食，再加上運動不足等種種原因，不難想像會有這個結果。讓孩子適度運動已成為現代父母的義務，不僅能預防疾病，也能避免因肥胖導致自卑等心理問題。

＊注：根據性別、年齡別、與身高別計算出的標準體重來計算出肥胖度，體重超過基準20%以上的兒童，即稱為肥胖傾向兒童。

目錄

STEP・3 全家人一起調整日常飲食！

STEP・4 從事正確的「肌力訓練」！

STEP.7 了解父母的職責！

了解孩子的身體！

STEP.1

「聽說讓孩子做肌力訓練就會長不高，是真的嗎？」
肌肉量如果過度增加，的確會讓孩子長不高（骨頭無法長長）。
「我希望孩子能當棒球選手……」
建議應該也讓孩子接觸棒球以外的運動！

孩子的身體與大人不同，正確了解其中差異，
鍛鍊出可從事各種運動的柔韌身體，
打好基礎，就能幫助孩子在成長期順利長高。

〔側面〕

請孩子立正站好，觀察他的側面姿勢。

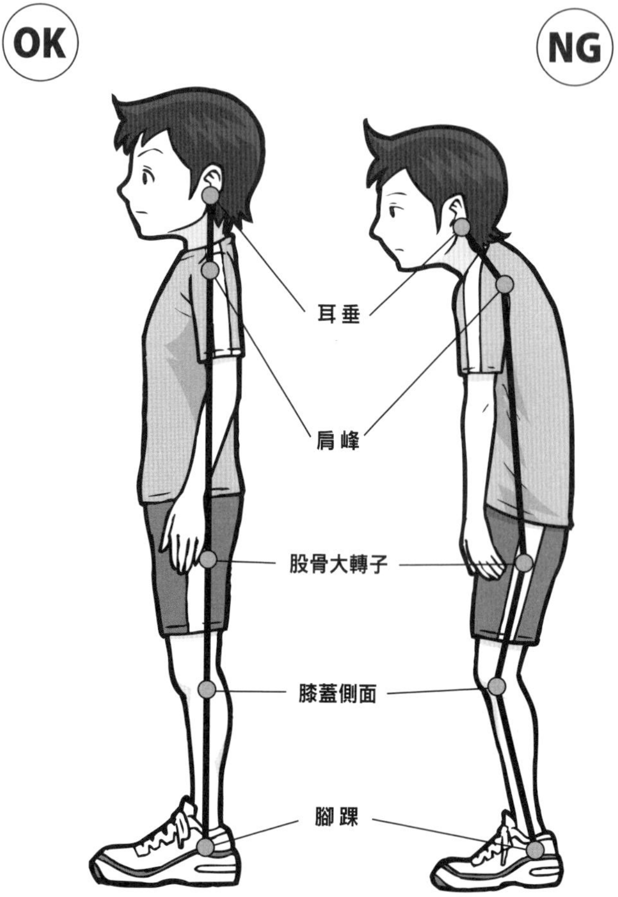

如上圖所示，〈耳垂、肩峰、股骨大轉子、膝蓋側面、腳踝〉呈一直線即為OK姿勢；NG姿勢就是一般所謂的「駝背姿勢」代表孩子的菱形肌肌力不足。由於菱形肌是肩胛骨往內轉時會運動到的肌肉，一旦菱形肌肌力不足，就會影響需要用到上半身肌肉的棒球和網球等運動表現。勤做第32頁的「W&I伸展操」、第33頁的「柱子仰式泳姿操」等伸展運動，以及第55頁的「划船運動與拉毛巾操」、第59頁的「四肢競走比賽」等肌力訓練，就能有效鍛鍊菱形肌，不妨立刻試試看！

〔正面〕

請孩子立正站好，觀察他的正面姿勢。

站立時腳尖朝外，不只可能會造成腳跟位置偏移，導致全身骨骼不正，還可能會對下方介紹的「腳掌弧度」的發育產生不良影響。孩子6歲之後就能看出是否有「O型腿」的問題（通常小孩2歲之前都是O型腿，3～5歲多為X型腿），想要矯正不良腿型就必須強化內轉肌，勤做第100頁的「單腳接球」和第102頁的「雙腳運球遊戲」，就能改善此問題。

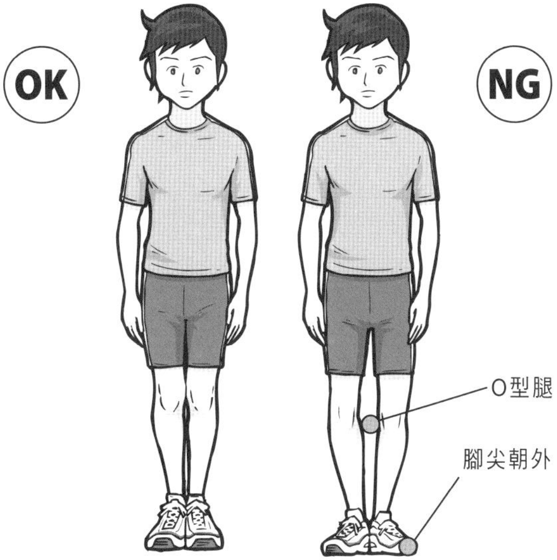

〔你的小孩做得到嗎？〕

勤做第30頁的「腳掌伸展操」和第54頁的「雙腳猜拳」，效果卓著。

〔腳掌弧度〕

雙腳踏在地上，觀察側面姿勢。

當腳踏在地上，能形成如圖示般的自然弧度就沒有任何問題；若是呈現毫無弧度的「扁平足」或相反的「高足弓」，就代表孩子的姿勢有問題。腳掌沒有自然弧度不只容易導致雙腿疲勞，也會影響跳躍力以及跑步能力。此外，以腳掌抓住地面時，能讓身體重心往前方或上半身分散，因此當腳掌弧度出問題時，也可能會影響跳躍能力的表現。建議從事第57頁的「時鐘箭步操」、第60頁的「分腿跳與倍數遊戲」與第98頁的「螺旋槳飛機競賽運動」，確實鍛鍊蹠肌。

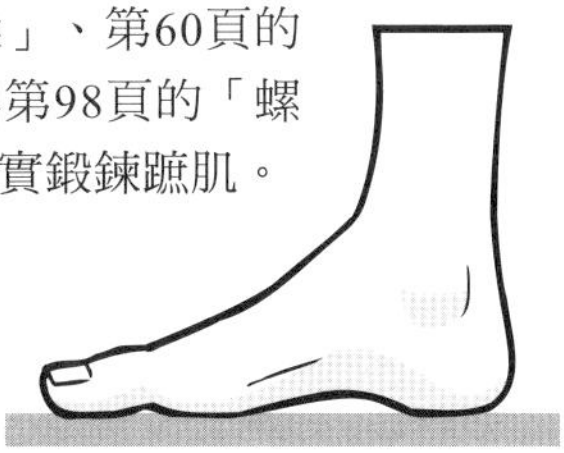

不同成長期的兒童身體特性

小學生毋須「鍛鍊肌肉」的原因

兒童的身體不斷在成長，因此必須採用與成人截然不同的運動概念。接下來就依照不同的成長期，了解什麼樣的運動或訓練適合孩子的身體發展。

●小學生——學會身體活動方式的最佳時期

科學家證實，人類的腦神經功能在12、13歲時發展至90％成，**肌力卻只成長到50％成左右**。換句話說，雖然讓12歲以前的幼童從事骨骼肌肉的鍛鍊沒有效果，卻最適合從事提升腦神經功能的運動訓練。讓大腦、神經與肌肉巧妙串連，學會運動特有的種種動作。

日本著名的桌球選手福原愛從小一直打贏年紀較長的對手，由於桌球不像其他球類運動需要強健肌力，而且以年齡相仿的兒童而言，腦神經功能的差異不大，因此讓她表現優異。

●中學生——增強爆發力的最佳時期

這是呼吸循環系統提升效能的時期。此時**全身肌耐力會愈來愈高**，因此最適合從事長跑或游泳等運動。

●高中生——鍛鍊肌力的最佳時期

此時骨骼成長狀態已趨穩定，肌力也達高峰，最好能搭配可提升力量與瞬間爆發力的相關訓練。

【骨骼停止成長的年齡】

資料來源：Orden, J. A: Skeletal Injury in the Child. Lea & Febiger, Piladelphia, 1982

參考圖示即可發現，小學生的骨骼正處於發育狀態，不應該從事「肌力訓練」，避免影響骨骼成長與形成。

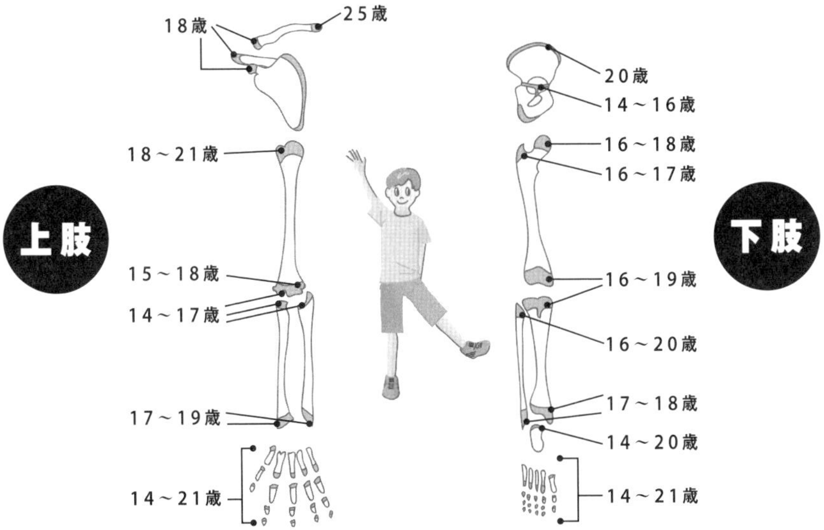

【年齡別・發育&成長型態】

資料來源：宮下充正《兒童運動醫學》，南江堂出版，1987

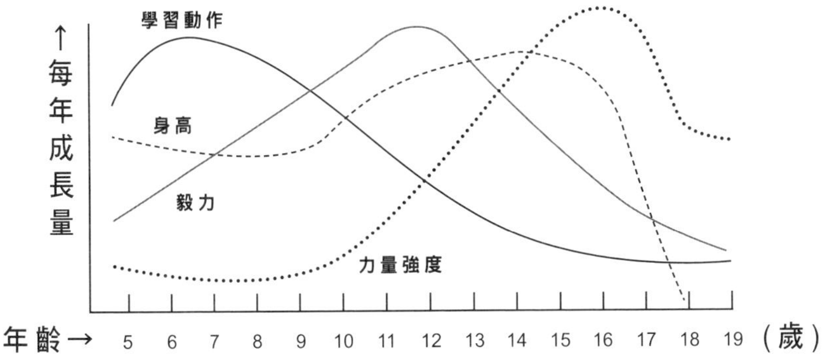

11歲以下

嘗試各種動作，學習靈活運用身體的方式。（大腦、神經系統）

12～14歲

嘗試輕度負荷的持續運動，學習長時間從事某一種動作的能力。（呼吸、循環系統）

15～18歲

增加負荷、拉長動作時間，同時增強力道。（肌肉骨骼系統）

小學生從事何種活動能增強運動能力？

學會「動作」比「技術」更重要

通常父母學會某些運動知識，或是看完本書之後，就會忍不住想要向孩子闡述大道理。大人都會覺得如果不解釋清楚運動理論，就無法提升運動效果，這一點確實也是如此。

不過，孩子完全不這麼想。雖說孩子的腦神經功能正在急速發展，但**理論並不等於聰明才智**，**運動是要靠身體去學習的**。曾經有語言學家說「學習」這個詞彙與「模仿」是同一個語源，對孩子來說，他們真的是模仿大人教的動作來學習運動。而且孩子會拚命學習自己「想要模仿」的動作。

孩子小時候會在遊戲中模仿知名運動選手的動作，從以前棒球選手王貞治的金雞獨立式打擊法、野茂英雄的龍捲風投法，到鈴木一朗的鐘擺式打法，還有足球選手席丹（Zinedine Yazid Zidane）的馬賽迴旋等，我相信一定有許多讀者都曾經模仿過他們的動作。這些模仿的經驗相當珍貴，而且只有小孩才能自然而然地從模仿中學習。

如果要向孩子說明本書介紹的運動效能，以及身體的活動方法，只要概略地說「這個遊戲可以讓你跑得更快」就好。重要的是，**各位家長一定要親身示範**，先做一遍給自己小孩看。兒童學習別人動作的能力比成人優秀（只要拿出單輪車讓孩子騎一遍就能體會），他們只要照著做一次就能學會，教學過程十分簡單。

孩子會從遊戲與模仿中增強自己的身體能力

滑板車與滑板需要運用到踏地力、平衡感，還必須手腳並用，可以學到許多動作，並培養運動感。大人要騎單輪車其實並不容易，但小孩一下子就能學會，這就是年齡所造成的差異。

現在很多公園都基於安全考量，逐漸撤掉各項遊戲器材，其實成人玩的遊樂器材或遊戲，也有許多能幫助孩子的身體發展。不要因為害怕危險就不讓孩子嘗試，否則會阻礙孩子在玩樂中提升運動神經的效果。請各位回想一下自己小時候的生活，做出正確的決定。

制式測驗無法測出孩子的潛在能力

體能測驗的結果參考就好

各位是否曾經因為看到學校公布的體能測驗結果，就認為「自己小孩的運動能力很差」而感到失望？是否也曾為了提升體能測驗的成績，為孩子安排各種體育課程？

恕我直言，身為一位體適能教練，我認為將體能測驗數值很高視為運動能力強，是一件相當沒常識的事情。

50公尺跑幾秒、反覆橫向跨步幾次……測驗結果會將孩子的運動能力化成具體數據，但若與以科學方式嚴格執行的測驗相比，學校體能測驗的結果其實極為寬鬆。有鑑於此，就算自己小孩的測驗結果太差也毋須擔心，重點是，請不要誤以為「自己小孩的運動能力很差」。

我曾經指導過世界頂尖運動員，根據我的個人經驗，**有些運動員在身體柔軟度上，甚至比一般人的測驗結果還差**。甚至還有球類運動的選手在做反覆橫向跨步時，跑步速度相當慢，或是跑到一半就絆倒了。即使是50公尺成績不佳的人，也可能適合長跑；投球距離不遠的人，也可能是因為不知道投球技巧才投得不好。

因此，毋須因為體能測驗的結果而影響心情，只要當成參考數據即可。再說，只要針對體能測驗項目，例如50公尺短跑，或反覆橫向跨步勤加練習，就能提升測驗結果，所以不必太過在意。

小學生絕對不能做的訓練課程

「吃力＝有效」的錯誤觀念

我在前頁已經說明過什麼年齡的小孩，適合做什麼樣的運動，接下來我要告訴各位，「絕對不能」讓孩子從事的體能訓練。

最具代表性的訓練項目就是「兔子跳」。兔子跳是以前經常出現在運動類漫畫或卡通之中的訓練課程，可說是體能訓練的代名詞。

但由於**兒童的骨骼仍在發育，位於骨端的軟骨部位（骨幹和骨端之間的軟骨層）相當脆弱**，若是過度施加負荷，或是從事錯誤的體能訓練，就可能會導致軟骨部位受傷。

兔子跳需要先蹲下身體，彎曲膝蓋，並在全身重量施加在雙腿的狀態下，伸直膝蓋往上跳，此時大腿前方的股直肌會受到強烈拉扯。若是沿著骨骼與股直肌相連的膝蓋下方（脛骨上方）受到牽引，骨骼就會往外隆起，導致「脛骨粗隆炎」。

不只是兔子跳，所有會造成關節過度負擔的訓練課程都具有相同危險性，請務必謹記這一點。

此外，許多老師會因為「比賽輸了」或是「上課遲到」等原因，懲罰小學生做50下伏地挺身或100下交互蹲跳，這些體罰也要嚴格禁止，才能避免讓孩子**對體能訓練產生負面印象**。肌力訓練原本是為了預防運動傷害，並提升運動成效才實施的訓練課程，千萬不要本末倒置，反而得不償失。

過度練習會導致運動障礙

搭配左右對稱的運動一起練習

許多兒童因為做了太多只活動身體某部位（或某一邊）的運動導致運動障礙。

我在前頁提過了兔子跳的危險性，**左右不對稱的運動或體能訓練**，也會對處於成長階段的兒童骨骼發育帶來不良影響。棒球與網球就是很好的例子。

基本上肩關節周邊的骨骼成長，會在18～21歲完成、肘關節則是14～18歲。我不建議讓兒童在這段期間一直以慣用手投球，或是以同一隻手揮拍。**重複相同動作會對同一邊的關節造成沉重負擔**。

我曾經在國高中生的網球比賽期間，開設了預防運動障礙的諮詢室，許多學生紛紛排隊找我諮詢相關問題。大多數學生都有嚴重肩痛或手肘疼痛等情形，甚至還有人已經到了骨骼發育不良的地步。

從事左右不對稱的運動時，**一定要搭配游泳等左右對稱的運動**，均衡地活動身體各部位，才能避免運動障礙。不要只做一種運動，這點相當重要。此外，空手練習揮拍或投球時，慣用右手的人不要只用右手，也要用左手練習相同的動作。

除此之外，我希望各位家長都能具備正確觀念——強迫孩子從事與大人一樣的運動，不只會導致運動障礙和運動貧血等問題，也可能會提高中暑、猝死等危險，請務必小心注意。

柔軟度與運動神經無關，卻會受骨骼成長所影響

「身體僵硬・柔軟」的祕密

一般父母都會將孩子身體的柔軟性與運動能力畫上等號，因此我經常遇到家長向我感嘆：「我家小孩明明就還小，身體卻很僵硬。」

大多數人都認為「擅長運動的人身體都很柔軟」，不可否認的，許多一流選手的身體都很柔軟，不過，誠如我在第18頁所說，也有很多世界級運動員的身體很僵硬。

話說回來，兒童的身體狀況究竟如何？身體僵硬的兒童通常都是起因於肌肉跟不上骨骼的急速成長，由於所有肌肉都是附著在骨骼上，**一旦骨骼生長速度太快，導致肌肉跟不上**，肌肉就會受到過度拉扯而失去柔軟度。

各位應該常聽到「不伸展身體會讓肌肉萎縮」、「勤做伸展操延伸肌肉」這類說法，正確來說，肌肉不會萎縮或延伸，決定身體柔軟性的關鍵在於肌肉的長短，肌肉較長的人，身體柔軟度較高。不過，我在指導學員或運動員做伸展操時，也會使用「延伸肌肉」這類說法，因為這麼說比較容易想像運動效果。外界常說**持續做伸展操能拉長肌肉**，即使是身體較僵硬的兒童，只要長期做伸展操，肌肉就會成長，身體也會愈來愈柔軟。

下一章，我將介紹適合親子同樂的伸展操，請各位務必嘗試看看！

STEP.2

與孩子邊玩邊「伸展」！

對處於骨骼急速成長期的孩子而言，伸展操是最重要的運動。
一旦肌肉成長速度跟不上骨骼，身體就會僵硬，也會影響發育狀況。

相同的，伸展操對成人來說，也是最能有效預防或減輕
「肩膀痠痛、腰痛、膝痛」等問題的保養方式。
本書介紹許多「適合成人的伸展操」，
可坐在椅子上充分伸展身體，無論在辦公室或在家裡都能保養自己，
請務必養成天天伸展的好習慣。

※本章由「親子雙人運動」、「小孩單人運動」與「家長單人運動」三部分構成。
※「親子雙人運動」與「小孩單人運動」都有標明促進運動效果的圖示，歡迎參考。

投擲 單槓 足球 姿勢 跳躍力 跑步

觀察孩子的反應慢慢做
不要勉強

大腿前方伸展操

伸展操篇
親子雙人運動 ❶

運動時間
左右
各30秒

POINT

所有靜態伸展操（身體不動，慢慢伸展肌肉）的運動時間只需30秒，超過30秒並無法提升運動效果。

投擲　單槓　足球　姿勢　跳躍力　跑步

伸展的肌肉！
股四頭肌

1

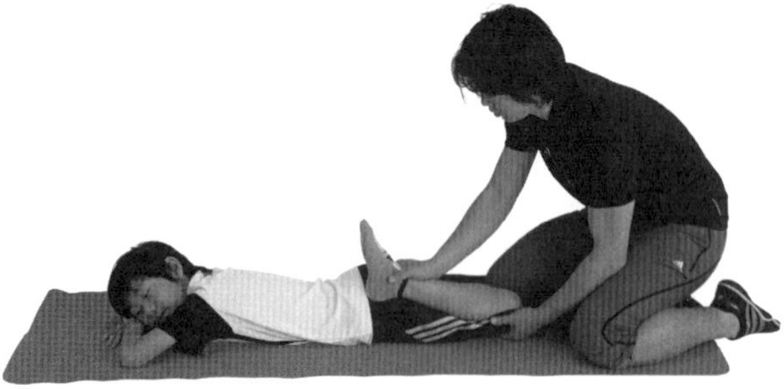

採取趴姿
彎曲膝蓋

讓孩子趴在墊子上，以一隻手握住孩子的腳踝，另一隻手支撐膝蓋，觀察孩子的反應，慢慢彎曲膝蓋。

2

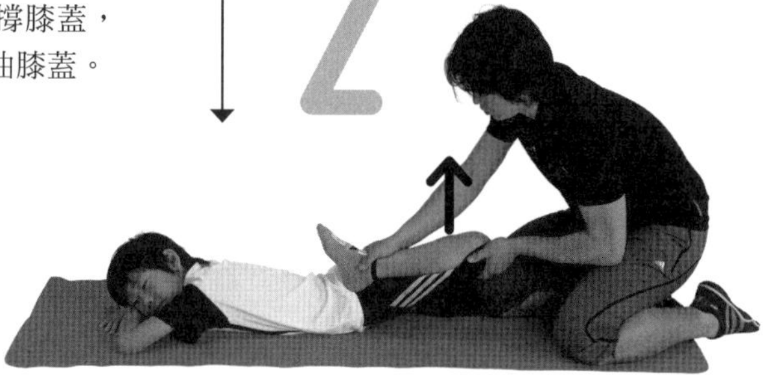

維持屈膝姿勢
往上抬起

維持屈膝姿勢，慢慢將大腿往上抬。過度往上抬會導致腰部疼痛，只要讓孩子感受到大腿前方至大腿根部被伸展開來即可。

伸展操篇
親子雙人運動 ❷

運動時間

左右
各30秒

慢慢放鬆
大腿後方的肌肉

大腿後方伸展操

足球　姿勢　跳躍力　跑步

伸展的肌肉！
腿後腱肌群

1

採取躺姿 握住腳跟並壓住膝蓋

讓孩子躺在墊子上，一隻手握住一隻腳的腳跟，另一隻手輕壓另一隻腳的膝蓋。

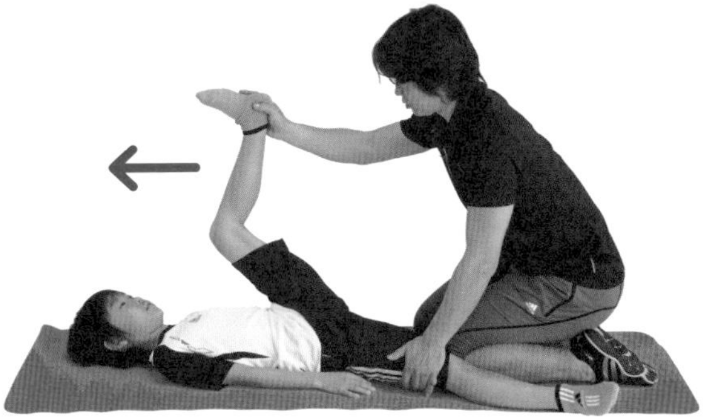

2

握住腳跟 將腳往身體的方向壓

握住孩子的一隻腳跟，將腳抬起並往孩子的身體方向壓，伸展大腿後方肌肉。此外，膝蓋不必伸直，維持彎曲姿勢即可。

扭轉身體
確實運動大腿根部

大腿根部伸展操

伸展操篇
親子雙人運動 ③

運動時間
左右
各30秒

單槓 足球 姿勢 跳躍力 跑步

伸展的肌肉！
髂腰肌

1

以雙腿從背後固定孩子的身體

讓孩子坐在墊子上，站到孩子背後。讓孩子用雙手抓住自己的腿，另一隻腿放在孩子大腿前方，避免膝蓋移動，固定孩子的身體。

2

輕壓孩子背部慢慢轉動身體

輕輕壓孩子的背部，慢慢轉動他的身體。這項伸展操能有效伸展大腿前方到根部。

伸展操篇
親子雙人運動 ④

運動時間
左右
各30秒

有效放鬆臀部肌肉的
伸展運動

臀部伸展操

投擲 足球 姿勢 跳躍力 跑步

伸展的肌肉！
臀大肌

1

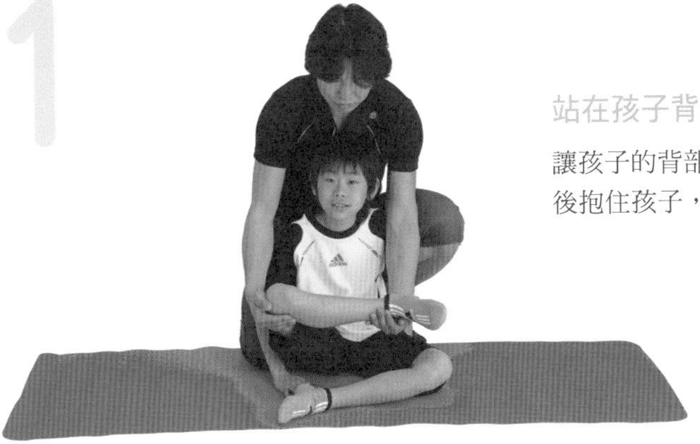

站在孩子背面固定身體

讓孩子的背部靠在自己胸前，從背後抱住孩子，固定孩子的身體。

2

握住腳踝與膝蓋慢慢往上抬

確實握住孩子的腳踝與膝蓋，慢慢抬起並往孩子的身體方向壓。伸展過程中，小腿要維持與地板平行的姿勢。

避免腰部肌肉僵硬痠痛
也可以預防腰痛

腰部伸展操

伸展操篇
親子雙人運動 5

運動時間
30秒

POINT

最近有許多小孩都因為腰椎過度前凸（腰椎過度往前彎的狀態）導致腰痛，這項腰部伸展操可以有效預防。

投擲 單槓 足球 姿勢

伸 展 的 肌 肉 ！
腰背肌群

1

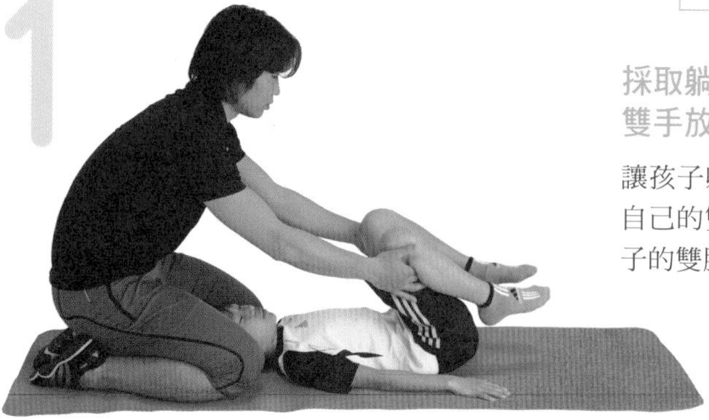

採取躺姿 雙手放在雙膝後方

讓孩子躺在墊子上，頭部放在自己的雙腿之間。雙手放在孩子的雙膝後方，抬起雙腿。

2

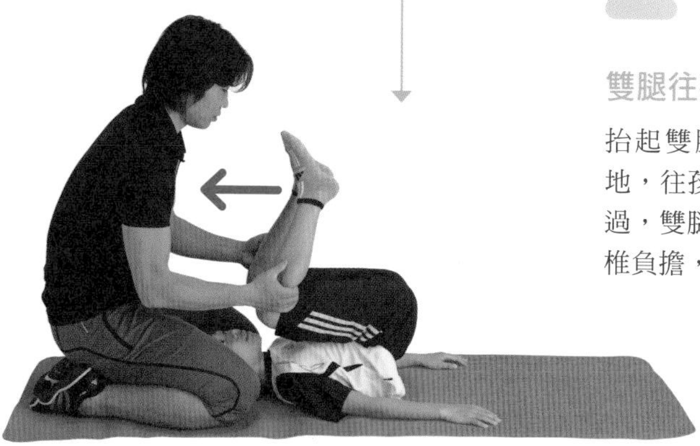

雙腿往孩子身體的方向拉

抬起雙腿，讓孩子的臀部離地，往孩子的身體方向拉。不過，雙腿過度往上抬會導致頸椎負擔，一定要小心。

伸展操篇
親子雙人運動 6

運動時間
30秒

千萬不可過度施力
以避免傷害肌腱

大腿內側伸展操

投擲 足球 姿勢 跳躍力 跑步

伸展的肌肉！
內轉肌群

1

雙手握住腳背並併攏腳掌

讓孩子坐在自己的雙腿之間，以胸部支撐孩子的背部。讓小孩的雙手握住自己的腳背，併攏腳掌。

2

從背後輕壓孩子的大腿

爸爸從背後用雙手輕壓孩子的大腿，請勿過度施力，尤其嚴禁壓到接近劈腿的程度，避免肌腱斷裂。只要讓孩子感受到肌肉被伸展開來即可。

看電視的時間也不要浪費
隨時隨地伸展身體

腳掌伸展操

伸展操篇
親子雙人運動 7

運動時間
30秒

POINT

腳掌伸展操可以預防扁平足，幫助形成正確的腳掌弧度。

足球 姿勢 跳躍力 跑步

伸展的肌肉！
腳底肌群

將身體重心放在腳跟以伸展腳掌

膝蓋著地，臀部坐在膝蓋上，彎曲腳趾，將身體重心放在腳跟，伸展腳掌。這項伸展操相當輕鬆，可以同時做其他事情。有空時不妨親子同樂！

伸展操篇
親子雙人運動 8

運動次數
左右
各20次

最適合泡澡時做的
腳趾體操

腳趾猜拳操

伸展的肌肉！
骨間肌

足球 姿勢 跳躍力 跑步

1 親子相對坐在浴缸裡

與孩子一起坐在浴缸裡面對面，抬起雙腳。請先活動腳踝和腳趾，避免抽筋。

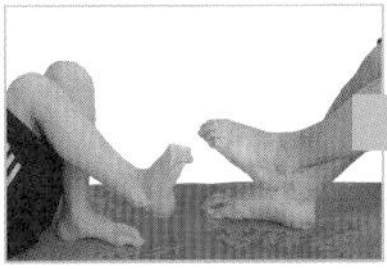
石頭

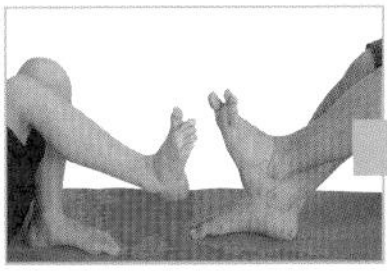
剪刀

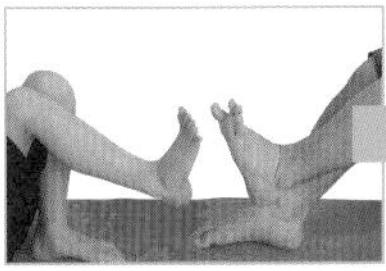
布

2 抬起單腳 用腳趾猜拳

用腳趾猜拳：所有腳趾往內縮就是石頭；大拇趾和食趾前後分開就是剪刀；所有腳趾張開就是布。這項伸展操可以有效預防扁平足與拇趾外翻。

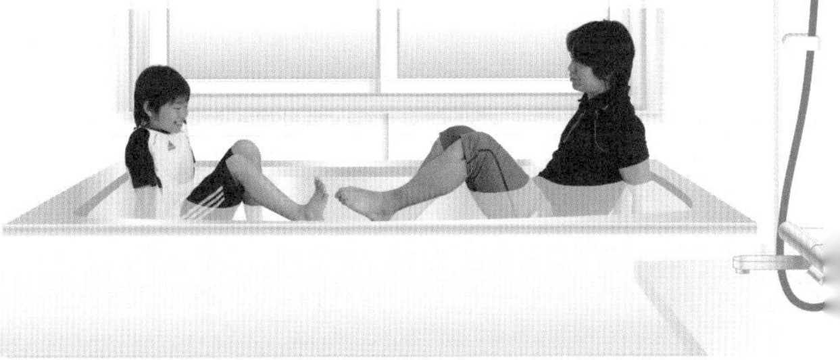

有效伸展肩膀周邊的
動態伸展操

W&I伸展操

伸展操篇
小孩單人運動 ❶

運動次數
20次為1組
做2~3組

伸展的肌肉！
肩胛骨周邊肌群

投擲　單槓　足球　姿勢　跳躍力　跑步

1

雙手做出「W」字型

雙腳打開與肩同寬，挺起胸膛，雙手做出英文的「W」字型。

2

有節奏地重複4次動作

上下擺動雙手，收起手肘，靠攏肩胛骨。動作時可一邊大喊「1、2、1、2」，有節奏地收肘4次後，繼續做下一個動作。

3

雙手做出「I」字型

接下來將下手臂緊緊靠攏，做出「I」字型。

4

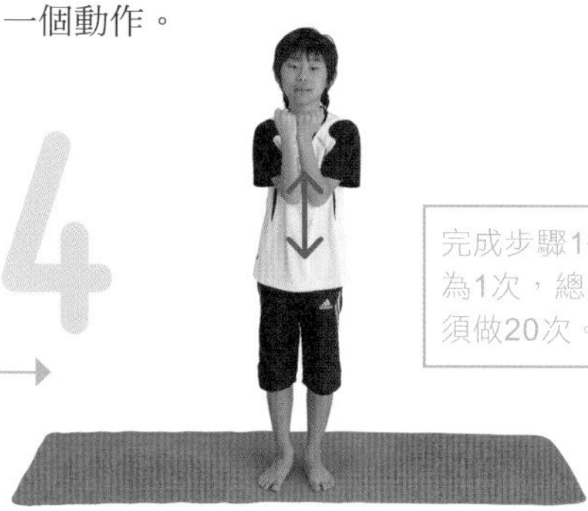

完成步驟1~4為1次，總共須做20次。

有節奏地上下拉動雙手

上下拉動手肘，動作時可一邊大喊「1、2、1、2」，有節奏地收肘4次後回到「W」字型，重複相同動作。

伸展操篇
小孩單人運動 ❷

運動次數
20次為1組
做2～3組

投擲　單槓　足球　姿勢　跳躍力　跑步

仰式的動作
可放鬆肩胛骨，預防駝背！

柱子仰式泳姿操

伸展的肌肉！
肩胛骨周邊肌群

POINT

做這項伸展操時必須將身體靠在柱子上，固定上半身，充分活動肩胛骨，有效預防駝背。

1

2

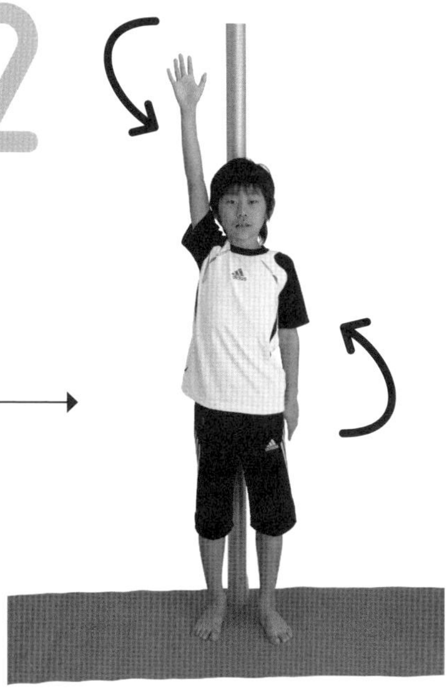

將背部靠在柱子上
做出仰式的動作

背部靠在柱子上，挺直背部站立，做出仰式的動作，舉起一隻手慢慢往後方轉。

另一隻手也往後轉
交互重複相同動作

另一隻手也以相同方式往後轉，像是在游仰式一樣，雙手交互慢慢往後畫圓。

使用抗力球
恢復正常的腰椎弧度

西瓜蟲式伸展操

伸展操篇
小孩單人運動 ❸

運動時間
30秒

投擲 單槓 足球 **姿勢** **跳躍力** **跑步**

伸展的肌肉！
腰背肌群

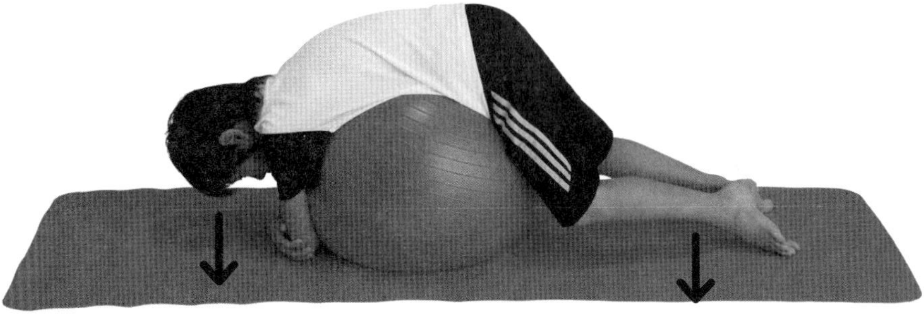

運用全身抱住抗力球
維持此姿勢即可

正面朝下，以全身抱住抗力球，將身體重心全部放在球上。維持此姿勢30秒。
這項伸展操能讓腰椎恢復自然弧度，
讓腰背肌肉維持良好狀態。

伸展操篇
小孩單人運動 ❹

運動次數
20次

將不倒翁的動作
運用在動態伸展操中

不倒翁滾動操

足球　姿勢　跳躍力　跑步

伸展的肌肉！
腰背肌群

1 採取躺姿 抱住膝蓋

躺在墊子上，雙手握住膝蓋下方。

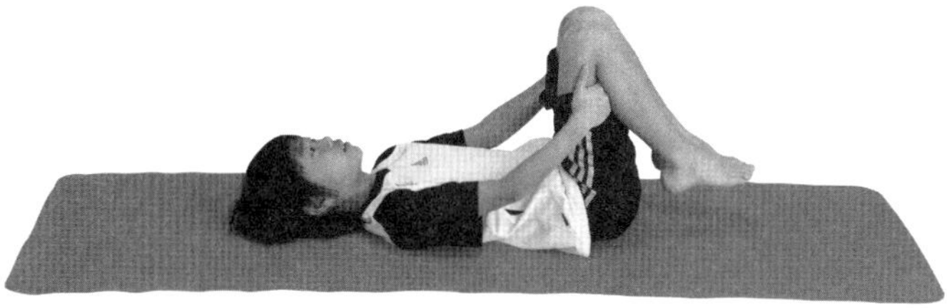

2 如不倒翁般 身體往前後滾動

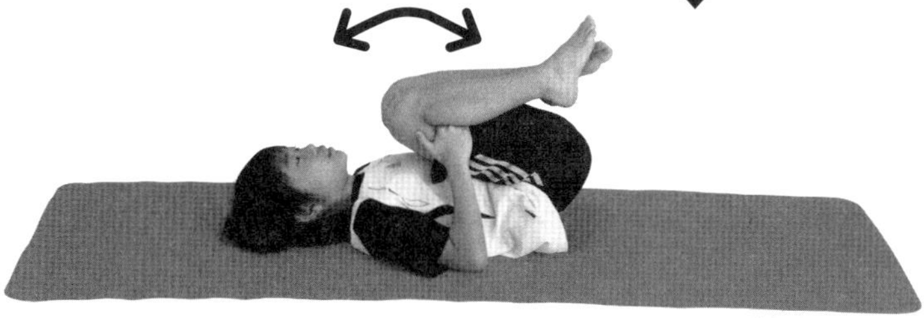

維持抱膝姿勢，重心先放在上半身，再往下半身移動。巧妙運用反作用力，如不倒翁般持續滾動，重複此動作。

在辦公室也能做的
簡單伸展操

頸部伸展操❶

伸展操篇
家長單人運動❶

運動時間
左右
各30秒

伸展的肌肉！
斜方肌上半部

頭部側傾
伸展頸部肌肉

一隻手抓住椅背，另一隻手放在頭部側邊往旁邊拉，伸展頸部側邊的肌肉。反方向也重複相同動作。

伸展頸部肌肉
舒緩肩膀痠痛

頸部伸展操❷

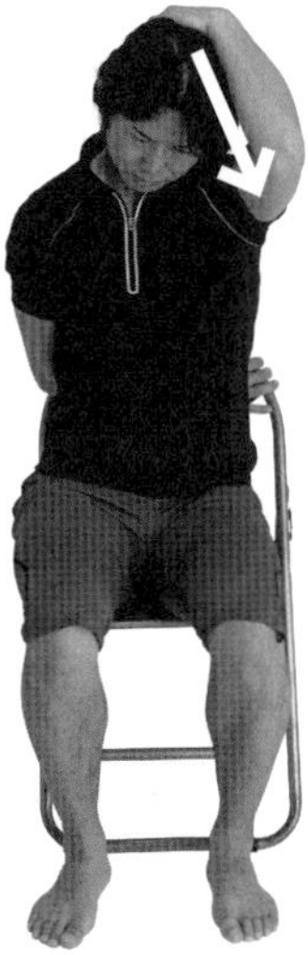

伸展操篇
家長單人運動❷

運動時間
左右
各30秒

伸展的肌肉！
斜方肌上半部

手放在後腦勺
頭部往斜前方傾

與「頸部伸展操❶」一樣一手抓住椅背，另一手放在後腦勺上，讓頭部往斜前方傾。另一邊也要重複相同動作。

伸展操篇
家長單人運動 ❸

運動時間
30秒

只須運用雙手重量
嚴禁過度施力

頭部伸展操 ❸

伸　展　的　肌　肉　！
頸夾肌

雙手放在後腦勺
頭部往前傾

雙手抱住後腦勺，放鬆肩膀與手臂力量，只利用雙手重量讓頭部往前傾。千萬不要過度用力。

伸展操篇
家長單人運動 ❹

運動時間
30秒

坐在椅子上
舒緩肩胛骨僵硬

肩胛骨周邊肌肉伸展操

伸　展　的　肌　肉　！
斜方肌中段・菱形肌

雙手交握
上半身往前傾

雙腳打開，雙手如圖示般交握，上半身往前傾，讓指尖盡量接近地面。此動作可伸展肩胛骨周邊肌肉。

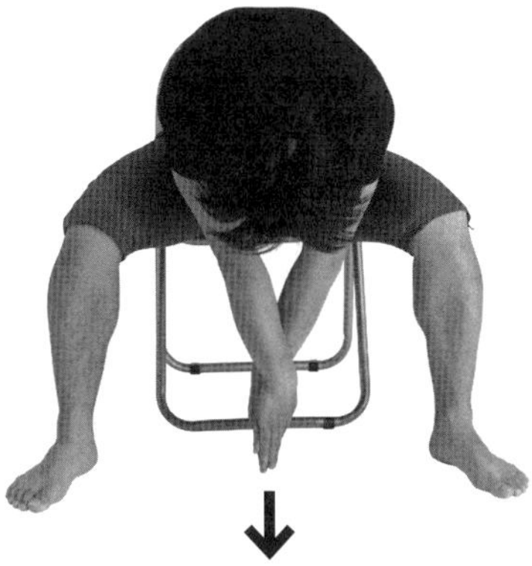

有效強化腰部與背部的
靜態伸展操

腰部伸展操

伸展操篇
家長單人運動 5

運動時間
左右
各30秒

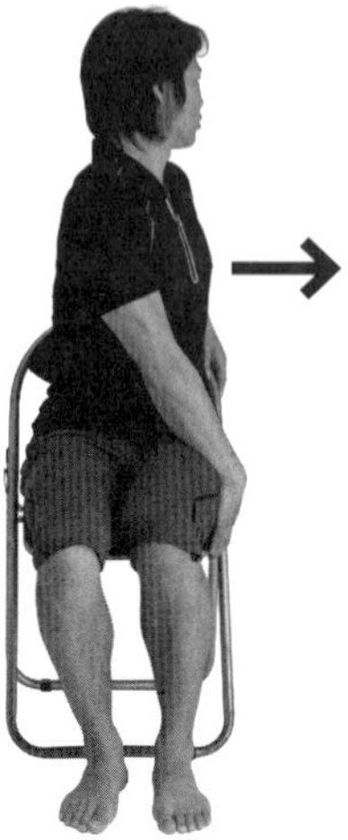

伸展的肌肉！
腰背肌群

坐在椅子上
扭轉上半身

坐在椅子上，扶住椅子，從腰部扭轉上半身。維持此姿勢30秒。另一邊也要重複相同動作。

有效運用椅面的伸展操

大腿根部伸展操

伸展操篇
家長單人運動 6

運動時間
左右
各30秒

伸展的肌肉！
髂腰肌

單邊臀部坐在椅子上
另一腳往後伸展
打開髖關節

將單邊臀部坐在椅子上，上半身呈一直線，單腳往前方跨出，以打開髖關節，充分伸展另一腳的大腿根部。

伸展操篇
家長單人運動 7

運動時間
左右
各30秒

伸展臀部肌肉
穩定骨盆位置

臀部伸展操

伸展的肌肉！
臀大肌

將一隻腳放在大腿上
上半身往前傾

坐在椅子前端，將一隻腳腳踝外側放在另一腳的大腿上。雙手按住膝蓋內側與腳踝，將膝蓋往下壓，上半身往前傾。

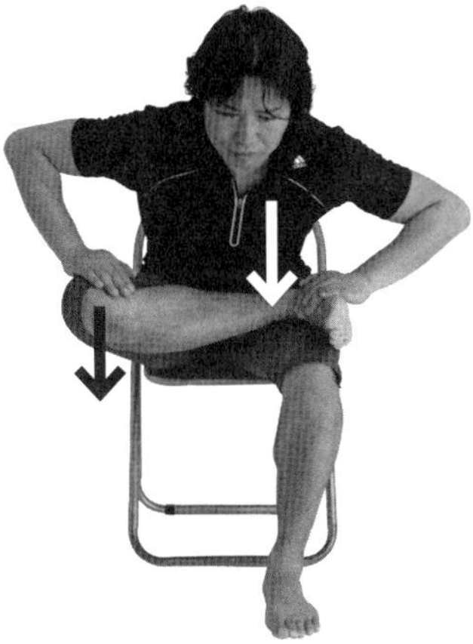

伸展操篇
家長單人運動 8

運動時間
左右
各30秒

能預防腰痛的伸展操

髖關節周邊肌肉伸展操

伸展的肌肉！
髖關節6條外旋肌

雙手抱膝往胸口拉
旋轉上半身

如圖示翹二郎腿，腳掌放在椅面上。兩手抱住膝蓋，往胸口方向拉，並旋轉上半身。

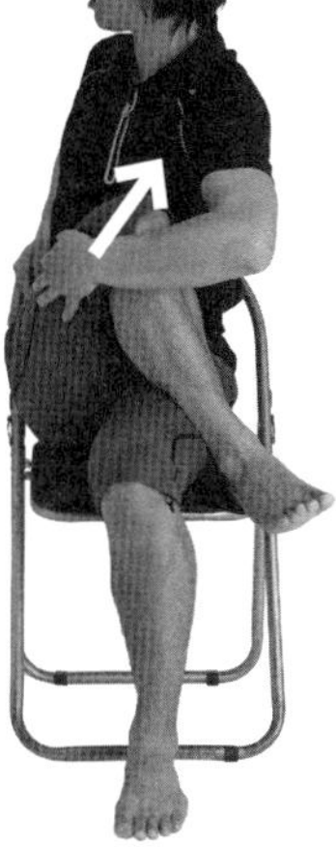

伸展大腿肌肉
可預防膝蓋疼痛

大腿前方伸展操

伸展操篇
家長單人運動 ⑨

運動時間
左右
各30秒

伸展的肌肉！
股四頭肌

單手握住腳背
膝蓋往後伸展

單手抓住椅背，另一隻手握住腳背，將膝蓋往後方拉。這個動作可充分伸展大腿前方到根部。

減輕雙腿疲勞
消除水腫

小腿肚伸展操

伸展操篇
家長單人運動 ⑩

運動時間
左右
各30秒

伸展的肌肉！
比目魚肌

維持腳掌
向上傾斜的姿勢

準備一個高度適中的物品，將腳尖放在上面，身體重心放在前方，維持此姿勢30秒。這個動作可以有效伸展小腿肌肉。

伸展操篇
家長單人運動 ⑪

運動時間
左右
各30秒

如果無法雙手握住腳尖
可用單手或毛巾輔助

大腿後方・小腿肚伸展操

伸　展　的　肌　肉　！
腿後腱肌群・小腿三頭肌

上半身往前傾
雙手握住腳尖

坐在椅子前端，單腳往前伸出。雙手握住腳尖，上半身往前傾，伸展大腿後方與小腿肚。動作時不要完全伸直膝蓋。

伸展操篇
家長單人運動 ⑫

運動時間
左右
各30秒

利用伸展操
舒緩走累的腿部肌肉

小腿伸展操

伸　展　的　肌　肉　！
脛骨肌

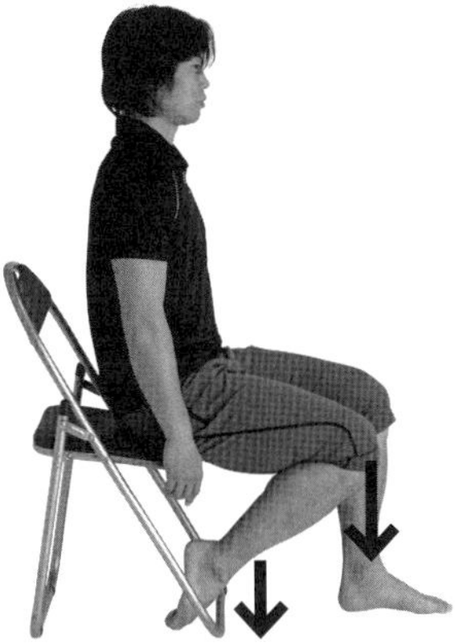

下壓腳踝與膝蓋
伸展小腿肌肉

腳背觸地，坐在椅子上。將腳踝與膝蓋往下壓，伸展腳背，同時伸展小腿肌肉。此外，穿皮鞋走路時，所有的疲勞都會累積在脛骨肌上。經常穿皮鞋的家長，不妨勤做這項伸展操，好好保養小腿肌肉。

COLUMN.1

頂尖體適能教練中野・詹姆士・修一的「孩提時代」

雖然現在運動是我的工作，但以前我只是一個普通的孩子。我第一個接觸的運動項目是游泳，我跟著姊姊參加她的游泳教室，從此展開我的運動人生。在課業上，我並沒有什麼突出的表現，多虧課餘時間有上游泳課，才讓我在學校的體育課，靠著游泳項目讓我成為注目焦點（笑）。游泳讓我對自己產生信心，也為自己感到驕傲。我現在的體能基礎就是靠游泳培養出來的，也很慶幸我從小就接觸左右對稱的運動項目。

從小到大，媽媽帶著我參加少年棒球聯盟、少年籃球錦標賽，還學過一陣子滑雪。很感謝媽媽從未「強迫」我參加各類運動，而是抱持著「不喜歡就不要勉強」的態度，讓我感到相當輕鬆，可以選擇自己真正喜歡的運動。我從來不曾因為被強迫而討厭運動，正因如此才造就出現在的我。

全家人一起調整日常飲食！

STEP.3

「蔬菜比肉好？」
不，沒有這回事。
想讓孩子攝取均衡營養，健康成長並遠離肥胖，
絕對不可忽略「飲食」的知識。
尤其如果全家人都沒有正確觀念，就無法改變飲食習慣。
我絕不會說一天要吃30種食物，
只需一半不到，每天吃14種食物即可。
這個目標相信每個人都能輕鬆做到。

一天吃30種食物？魚比肉好？應減少熱量攝取？

一天吃「14種食物」就能讓孩子身強體健

在飲食生活上，我希望家長都能秉持一個觀念，那就是「一天吃14種食物」。

許多家長總覺得**不給孩子吃肉，只吃蔬菜和魚的飲食方式比較健康，孩子也不會發胖，但我對這樣的做法感到遲疑**。以蔬菜和魚為主的飲食方式，營養並不均衡，每個人都應該平均攝取各種營養成分，脂肪也是其中一種。

此外，因為想讓孩子成為芭蕾舞伶而嚴格控管熱量，**只給孩子吃高蛋白質、低脂肪的食物，這樣的做法也要三思**。請記住，高蛋白質、低脂肪是適合成人的飲食方式。

我在此建議各位家長，「每天都要給孩子吃14種食物」。

這14種品項請參考左頁內容，基本飲食原則就是「除了穀類外，同一種食物一天不吃兩次以上」。舉例來說，「如果晚餐要吃炸豬排，早餐就不吃火腿」。只要遵守這個飲食原則，就不容易攝取過多熱量，也能均衡攝取必需的營養素。兒童不需要減肥，如果你的孩子正值成長期，撇除在學校吃的午餐（營養午餐、便當），請利用早餐、晚餐與點心，讓孩子一天吃到14種食物。全家人一起實踐，**也能幫助家長有效瘦身**。小時候的飲食生活將影響長大後的飲食習慣，請務必與小孩一起輕鬆實踐「一天吃14種食物」的飲食方法，「早午晚三餐都要吃不同的食物」。

不只輕鬆簡單，還能攝取均衡營養！

〔每天都要吃的14種食物清單〕

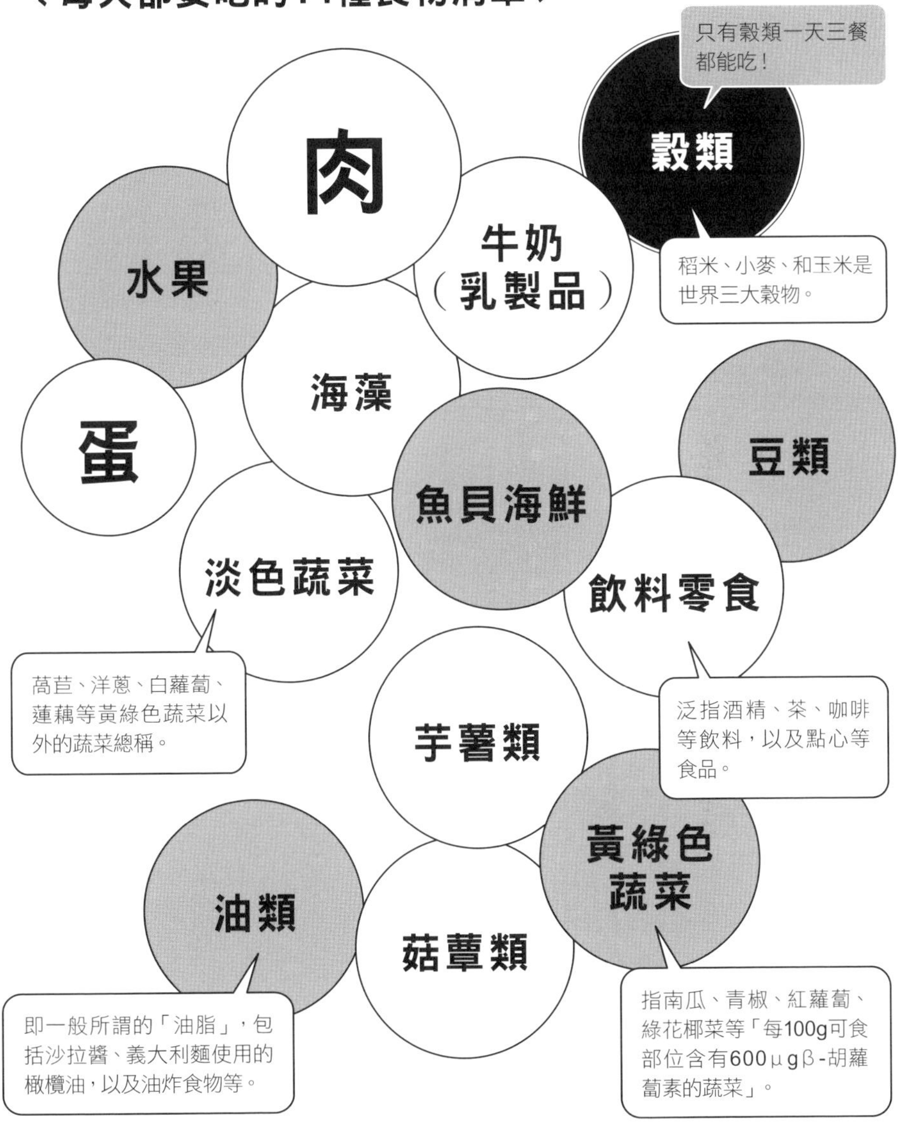
只有穀類一天三餐都能吃！
穀類
稻米、小麥、和玉米是世界三大穀物。
肉
水果
牛奶（乳製品）
海藻
蛋
魚貝海鮮
豆類
淡色蔬菜
茼苣、洋蔥、白蘿蔔、蓮藕等黃綠色蔬菜以外的蔬菜總稱。
飲料零食
泛指酒精、茶、咖啡等飲料，以及點心等食品。
芋薯類
黃綠色蔬菜
指南瓜、青椒、紅蘿蔔、綠花椰菜等「每100g可食部位含有600μgβ-胡蘿蔔素的蔬菜」。
油類
即一般所謂的「油脂」，包括沙拉醬、義大利麵使用的橄欖油，以及油炸食物等。
菇蕈類

POINT!

■平均分配在一天三餐裡，代表每餐吃不到5種食物，這個目標相當輕鬆，每個家庭都能輕鬆達成。
■嚴格來說，蔬菜汁不算是黃綠色蔬菜，但有喝總比沒喝好，亦可列入清單之中。
■營養補助品只能補充不足，請務必確實吃三餐，再配合營養補助品食用。
■點心與甜食每天最多只能吃一次，絕對不能過量。

便利商店食品超級比一比

菜色搭配與外食品項的選擇方法

【義大利麵套餐】

午餐

12:00左右

☐自炊　☑外食

〈菜色內容〉

◉ 奶油培根義大利麵
◉ 番茄沙拉
◉ 西式清湯
◉ 奶茶

☑肉☑牛奶（乳製品）☐魚貝海鮮
☑黃綠色蔬菜☐水果☐芋薯類☑飲料零食
☑蛋☐豆類☐海藻☐淡色蔬菜☐菇蕈類
☐油類☑穀類

【蔬食套餐】

午餐

12:00左右

☐自炊　☑外食

〈菜色內容〉

◉ 御飯糰×2（鮭魚、美乃滋鮪魚）
◉ 沖泡式味噌湯（海帶芽、豆腐、滑菇）
◉ 馬鈴薯燉肉（馬鈴薯、豬肉、紅蘿蔔）
◉ 蔬菜沙拉
（萵苣、高麗菜、番茄、白花椰菜、沙拉醬）
◉ 拿鐵咖啡（咖啡、牛奶）

☑肉☑牛奶（乳製品）☑魚貝海鮮
☑黃綠色蔬菜☐水果☑芋薯類☑飲料零食
☐蛋☑豆類☑海藻☑淡色蔬菜
☑菇蕈類☑油類☑穀類

POINT!

同樣是以便利商店的午餐類商品為主，只要選購時注意食物種類，就能吃出健康。「蔬食套餐」欠缺的「蛋」與「水果」，可在早餐或晚餐食用，就能輕鬆吃到14種食物。

FOOD MENU CHECK SHEET

年　月　日（　）

	菜色內容
早餐 …… 點　分 □自炊　□外食	
午餐 …… 點　分 □自炊　□外食	
晚餐 …… 點　分 □自炊　□外食	
點心 …… 點　分 □自炊　□外食	

■營養成分確認表

□肉　　□牛奶（乳製品）
□魚貝海鮮　　□黃綠色蔬菜
□水果　　□芋薯類
□飲料零食　　□蛋
□豆類　　□海藻
□淡色蔬菜　　□菇蕈類
□油類　　□穀類

使用方法

①…記下日期、時間、自炊或外食後，於菜色內容欄位裡，詳細記錄每餐吃的食物。

②…請在營養成分確認表中，勾選每天吃到的食物。

③…一天結束後，確認自己沒吃到哪些食物。

④…清楚掌握自己攝取或欠缺哪些營養素，最好每天都能勾選到所有食物，均衡攝取營養。

⑤…持續一週即可發現自己較少吃的食物種類，那些就是較容易欠缺的營養素。接下來請務必多吃該類食物，維持均衡營養。

想了解卻總是一知半解的食物與營養成分

你聽說過「胺基酸積分」嗎？

許多大眾媒體都會報導與營養有關的各種訊息。

坊間對於三大營養素之一的「蛋白質」的吃法也有各種不同主張，有人說「吃魚比吃肉好」，也有學者認為「牛奶對人體不好」。

我想要大聲呼籲，這個世界上沒有任何一種食物只有壞處，也沒有任何一種食物只有好處。

蛋白質是促進兒童肌肉、骨骼、與皮膚生長的重要營養素，可從肉類、魚類、蛋、豆類、和穀類等食物中攝取。

蛋白質是由胺基酸所構成，其中有9種**「必需胺基酸」人體無法自行生成**，因此一定要從食物攝取。由於必需胺基酸是人體「不可或缺」的營養素，一旦欠缺其中一項或是攝取不均衡，就無法充分發揮營養素的功效。

善用「胺基酸積分」即可輕鬆判斷食物中所含的必需胺基酸是否均衡，胺基酸積分100的食物不只含有9種必需胺基酸，而且每種必需胺基酸的含量都很平均。

例如黑鮪魚赤身生魚片、沒有油花的和牛上腰肉、蛋白、與牛奶都是胺基酸積分100的食物，也**是最適合給小孩吃的食物**。請務必多加參考。

了解主要食物的蛋白質含量與胺基酸積分！

胺基酸積分表

※蛋白質為可食部位100g的含量

食物群	食物	蛋白質	胺基酸積分	第一限制胺基酸
〈穀類〉				
	精白米	6.8g	65	賴胺酸
	吐司麵包	8.4g	44	賴胺酸
	玉米片	7.8g	16	賴胺酸
〈芋薯類〉				
	番薯	1.2g	88	賴胺酸
	馬鈴薯	2.0g	68	賴胺酸
〈豆類〉				
	大豆（國產全粒、乾）	34.3g	86	含硫胺基酸
	蠶豆	26.0g	59	含硫胺基酸
〈魚貝海鮮〉				
	黑鮪魚（赤身）	28.3g	100	------------
	鮭魚（生）	20.7g	100	------------
	蛤蜊（生）	8.3g	81	賴胺酸
〈肉類〉				
	和牛上腰肉（沒有油花）	18.4g	100	------------
	雛雞的雞胸肉（去皮）	22.9g	100	------------
	培根	12.9g	95	含硫胺基酸
〈蛋類〉				
	蛋白（生）	10.4g	100	------------
〈奶類〉				
	牛奶	2.9g	100	------------
〈蔬菜類〉				
	胡蘿蔔（生）	1.2g	55	白胺酸

※含硫胺基酸包括「甲硫胺酸」和「胱胺酸」。

早餐有助於維持大腦和身體健康？

請務必養成吃早餐的習慣

我聽說不吃早餐的兒童每年都有增加的趨勢，究竟早餐與孩子的運動能力有何關係？

左頁上方圖表是針對日本小學五、六年級，大約21萬1千名學童所做的調查。筆試結果發現「每天一定吃早餐」和「通常會吃早餐」的族群，與「通常不吃早餐」和「幾乎或完全不吃早餐」的族群之間，**兩者的平均分數相差極大**。

此外，下方圖表是日本文部科學省所舉行的體力、運動能力調查，結果顯示7歲、10歲、15歲這三大年齡層的所有男女族群裡，有吃早餐的學童成績，比不吃早餐的學童成績好。

這些圖表證明了「**每天吃早餐的學童，學業成績比較好，運動能力也比較強**」**這項事實**。

這個結果可以解讀為「吃早餐有益大腦與身體發展」，也能說是「生長在每天吃早餐的家庭裡的孩子，成績比較好」。無論如何，早餐可以促進孩子的能力發展，這一點無庸置疑。

若是各位家裡沒有吃早餐的習慣，想要提高孩子的運動能力，不妨就從每天吃早餐開始做起。

【筆試篇】

小學五年級生的分數
※統一以500分為平均分數

〈國語〉

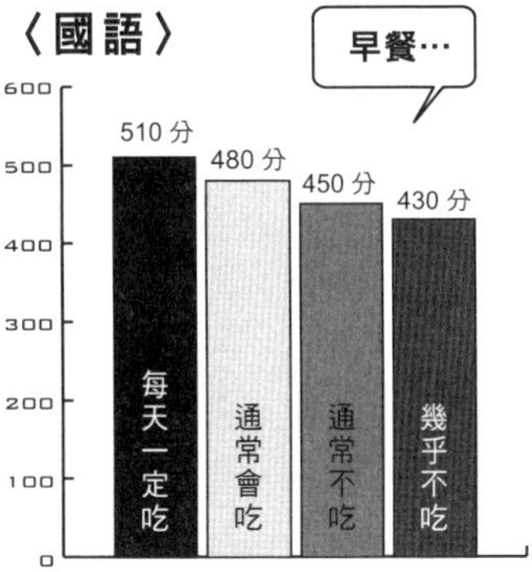

〈數學〉

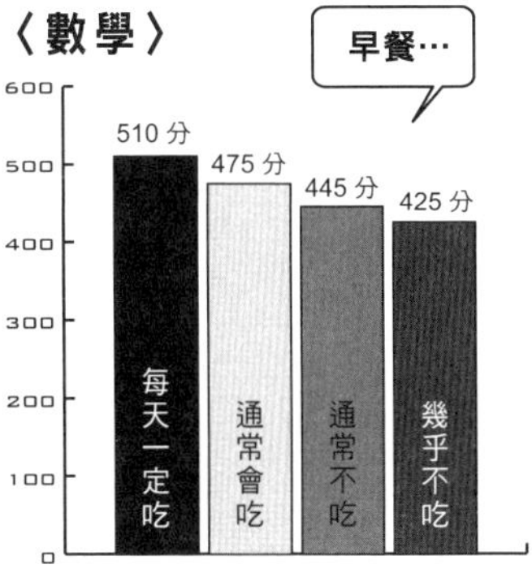

〈社會〉

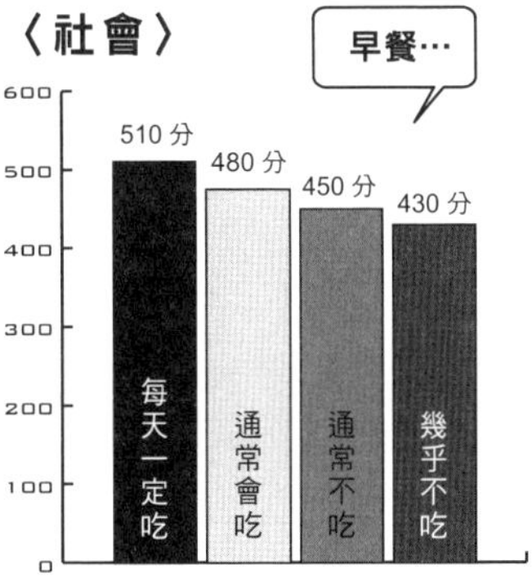

〈理科〉

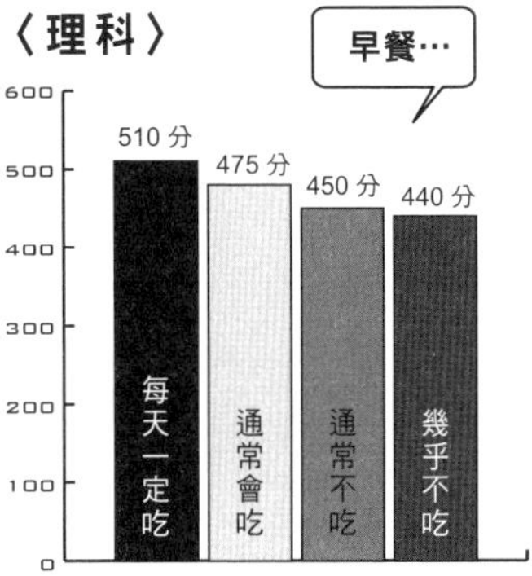

※資料出處：日本國立教育政策研究所「2003年度 中小學教育課程實施狀況調查」

【體能測驗篇】

20m漸進式折返跑
（※在一定時間內測量）

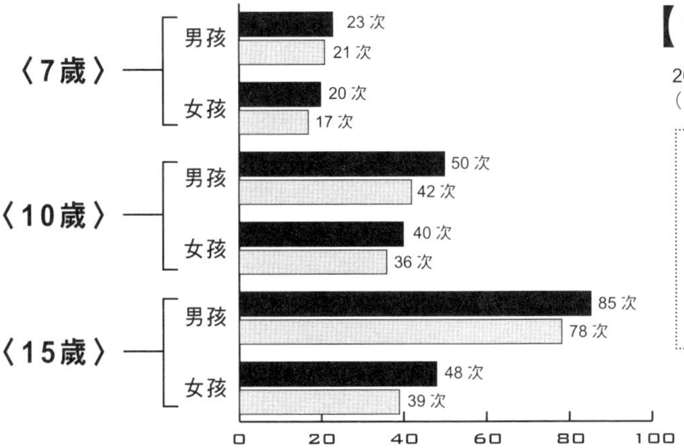

※根據「2005年度 體力、運動能力調查」（日本文部科學省）結果繪製而成

STEP.4

從事正確的「肌力訓練」！

孩子都是從遊戲裡自然養成肌肉與骨骼的平衡感，
但現代社會的「遊戲」卻愈來愈少，
必須靠運動促進肌肉生長，穩定關節動作。

另一方面，
成人的基礎代謝會隨著年齡增長而下滑，
也需要靠適度的肌力訓練來維持與提升。
接下來為各位介紹可促進親子溝通、
效果最好，又很輕鬆愉快的運動課程。

※本章由「親子雙人運動」、「小孩單人運動」、與「家長單人運動」三部分構成。
※「親子雙人運動」與「小孩單人運動」都有標明促進運動效果的圖示，歡迎參考。

投擲　單槓　足球　姿勢　跳躍力　跑步

將親子間的競賽遊戲
化為訓練課程

雙腳猜拳

肌力訓練篇
親子雙人運動 ❶

運動次數
20次為1組
做2~3組

投擲 單槓 足球 姿勢 跳躍力 跑步

伸 展 的 肌 肉 ！
大腿肌群

1

猜拳時一邊大喊「剪刀石頭布」

這是不用手、改用腳的猜拳運動。石頭為雙腳併攏，剪刀為雙腳一前一後，布為雙腳打開。

2

在空中變換腳形說「布」時落地

配合「剪刀石頭」的聲音往上跳起，在空中變換腳形後，說「布」時落地。

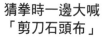

運動次數
20次為1組
做2~3組

準備兩條毛巾
能預防駝背的訓練操

划船運動與拉毛巾操

投擲 單槓 足球 姿勢 跳躍力 跑步

伸展的肌肉！
斜方肌・菱形肌

POINT
這項訓練操可以學會拉單槓的施力方法，也能預防駝背。

1

握住毛巾兩端 互相往回拉

親子分別握住毛巾兩端，收縮肩胛骨，手肘往後拉。

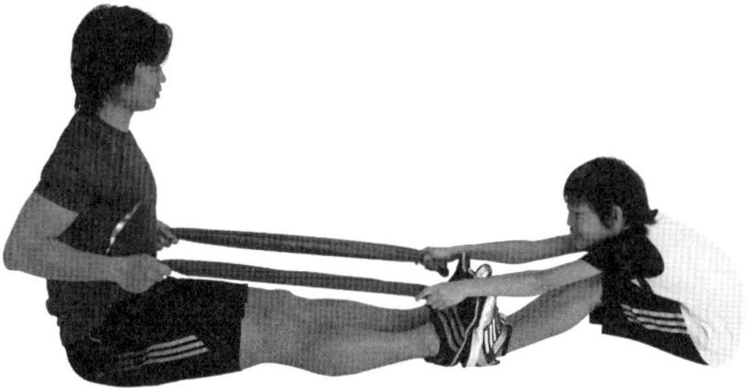

2

相互拉扯 重複相同動作

讓孩子做同樣的動作。上半身施展不開時，可以屈膝訓練。

晚餐時可以從事的
簡單訓練操

單腿起立

肌力訓練篇
親子雙人運動 ❸

運動次數
左右20次為1組
做2~3組

投擲 單槓 足球 姿勢 跳躍力 跑步

伸展的肌肉！
大腿肌群・臀肌群

1

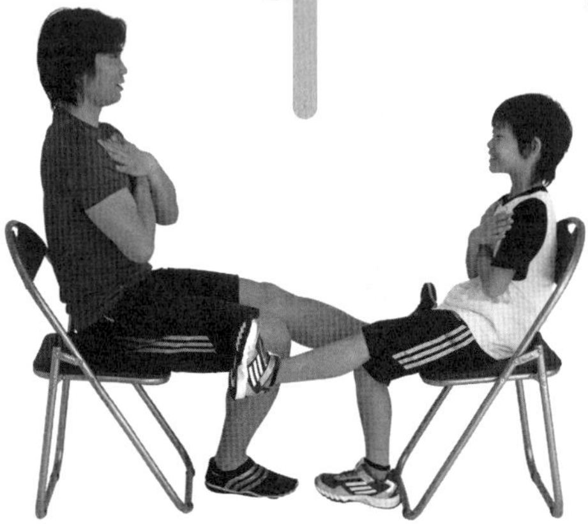

雙手抱胸 單腳往前伸直

準備兩張椅子，面對面且稍微錯開，親子各坐在一張椅子上，不要坐滿椅面。兩手抱胸，一隻腳往前伸直。

2

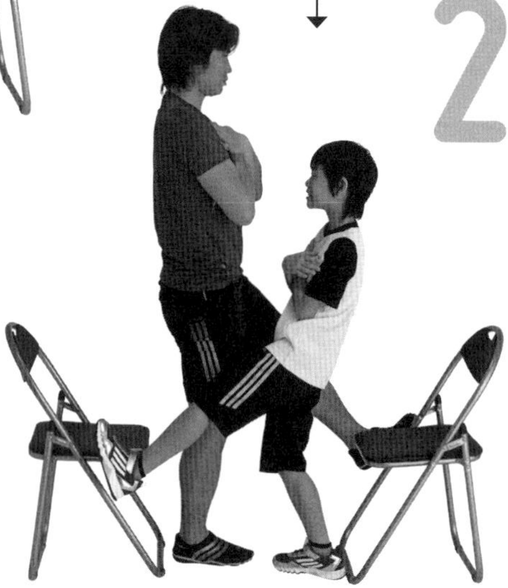

維持單腳伸直姿勢 起身站立

維持單腳往前伸直的姿勢，巧妙運用另一隻腳的肌肉力量站立起身。另一隻腳也要重複相同動作。

POINT

椅子高度愈低，運動強度就愈強。如果覺得困難，可以增加椅子的高度。此外，如果剛開始孩子做不來，家長可以輕輕拉一把。

肌力訓練篇
親子雙人運動 ④

運動次數

左右20次為1組
做2~3組

活動身體
同時學會看時間

時鐘箭步操

足球 姿勢 跳躍力 跑步

伸展的肌肉！

大腿肌群・臀肌群

1

2

先決定好時刻
再往前跨箭步
身體往下蹲

爸爸為長針，孩子為短針，以運動動作表示時間。先由爸爸出題（上圖為7:00），往前大跨步，身體往下蹲，後腳膝蓋接近地面。

讓孩子決定
要往哪個方向跨步
維持相同動作

讓孩子決定好要往哪個方向跨步後，與爸爸一起往前跨出單腳，身體往下蹲，暫時靜止不動。下一題（上圖為5:48）換另一隻腳往前跨，重複相同動作。跨步時要遵守前跨箭步蹲的要領，膝蓋不可超過腳尖。

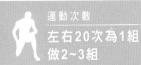

以爬行姿勢移動身體
有效穩定肩關節與髖關節

伏地挺身與快速過山洞

肌力訓練篇
親子雙人運動 5

運動次數
20次為1組
做2~3組

投擲 單槓 足球 姿勢 跳躍力 跑步

伸展的肌肉！
家長：胸大肌・上臂肌群
小孩：大腿肌群・腹肌群・三角肌・胸大肌・上臂肌群・背肌群

1 腳尖放在椅面上 做出伏地挺身的姿勢

爸爸將腳尖放在椅面上，做出伏地挺身的姿勢，雙手伸直。孩子膝蓋著地，以爬行姿勢移動身體，穿過爸爸的身體下方（過山洞）。

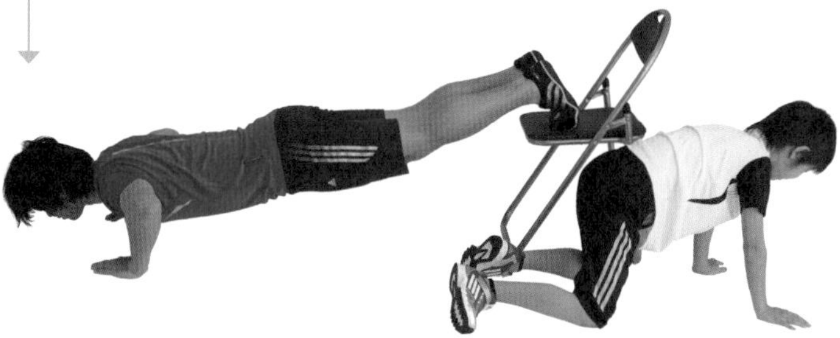

2 孩子迅速過山洞

孩子過完山洞後，爸爸放下上半身。爸爸持續做伏地挺身，孩子則抓準時機迅速過山洞，看誰的動作比較快。重複此動作。

運動次數

20次為1組
做2~3組

善用親子競賽
鍛鍊孩子的腰腿力量

四肢競走比賽

投擲　足球　姿勢　跳躍力　跑步

伸展的肌肉！
大腿肌群・腹肌群・三角肌・胸大肌・上臂肌群・背肌群

1

親子一起做出擦地板的姿勢

親子一起做出擦地板的姿勢，伸直手肘，彎曲單膝，伸直另一邊膝蓋。

2

利用手腳肌力看誰先爬到終點

設好起點和終點，看誰先爬到終點。此外，這項動作與過山洞不同，膝蓋請勿著地。

動腦也動身體
像玩遊戲的肌力訓練

分腿跳與倍數遊戲

肌力訓練篇
小孩單人運動 ❶

運動次數
20次為1組
做2~3組

投擲 單槓 足球 **姿勢** **跳躍力** **跑步**

伸展的肌肉！
大腿肌群・臀肌群

1

雙腿張開站立

膝蓋不要超過腳尖，雙腿一前一後張開站立。

2

身體下蹲
往上跳躍

身體先往下蹲，再往上跳躍。雙腿在空中交換位置，如步驟1般，以不同腳一前一後張開落地。

3

身體下蹲
重複相同動作

此動作可一邊數數一邊做，做到2或3的倍數時就休息一下。數到2的倍數時維持同腳在前，數到3的倍數時則換腳在前，一邊動腦一邊動身體。

肌力訓練篇
小孩單人運動 ②

運動次數
20次為1組
做2~3組

感受跑步時的
重心位置

空中慢跑家

足球 **跑步**

伸展的肌肉！
大腿肌群・臀肌群

POINT

這項訓練操可以讓孩子在動作中感受到「跑步時最輕鬆的重心位置」。在訓練過程中，爸爸要配合孩子的呼吸，抬起孩子的腰部，才能讓孩子更輕鬆地前後換腳。

1

孩子抓住椅子邊緣 爸爸抓住孩子的腰

孩子雙手抓住椅子的邊緣，雙腳一前一後張開；爸爸雙手抓住孩子的腰，固定孩子的身體。

2

孩子有節奏地連續跳躍 重複前後換腳的動作

爸爸以略快的速度大喊「1、2、1、2」，輕輕抬起孩子的腰，讓孩子往上跳，在空中跑步，前後換腳。有節奏地重複此動作。

利用倒掛金鉤
練習後翻上單槓的動作

抬腿踢球

肌力訓練篇
小孩單人運動 ③

運動次數
20次為1組
做2~3組

投擲 **單槓** **足球** 姿勢 跳躍力 **跑步**

伸　展　的　肌　肉　！
髂腰肌・腹直肌

1

雙腿併攏 往上抬起

讓小孩躺在地上，握住爸爸的腳踝，雙腳併攏抬起。

NG!

踢完球後，雙腳放下時不要太接近地面，否則容易使孩子的腰椎過度凸起，導致姿勢不良。

2

利用反作用力踢球

重複「雙腳踢球」與「放下雙腳」的動作。此外，這項訓練操可以練習後翻上單槓的抬腳動作，並非一般的腹肌運動，因此可以利用反作用力來做動作。

運動次數

20次為1組
做2~3組

單槓 姿勢 跑步

許多後翻上單槓苦手小孩
最適合練習的手部動作

划船運動

伸展的肌肉！

背肌群・上臂肌群

1

2

爸爸握住孩子的手 孩子雙膝著地

爸爸與孩子雙手相握，讓孩子雙膝著地，手肘伸直。

孩子收起手肘 立起身體

孩子迅速收起手肘，肩胛骨往內縮，立起身體。這項動作可以練習拉單槓時引體向上的手部動作。

打造「強健父親」的
有力腰腿

背小孩蹲踞操

運動次數
20次為1組
做2~3組

伸展的肌肉！
大腿肌群・臀肌群

1

2

背著孩子
上下蹲踞

雙腳打開與骨盆同寬，背著孩子。雙手抱住孩子的腳，臀部往後突出，蹲下來。

利用大腿肌力站起來

利用腿部的力量，伸直膝蓋站起來。起立時應避免對腰部施加壓力。

肌力訓練篇
家長單人運動 ❷

運動次數
左右20次為1組
做2~3組

【背小孩蹲踞操】的應用篇
推薦給肌力較差的家長

桌上背小孩蹲踞操

伸展的肌肉！
大腿肌群・臀肌群

POINT

以桌子輔助，再加上前後張開雙腳，即可減輕腰部負擔，做起來比背小孩蹲踞操還輕鬆。長年沒運動或是有腰痛問題的家長，不妨先從這項訓練操開始。

1

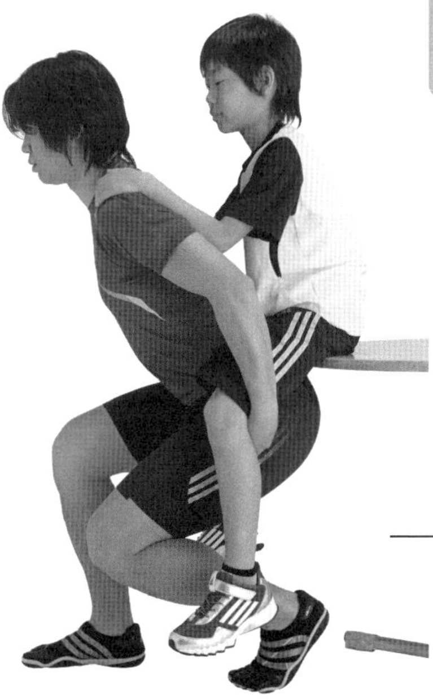

2

讓小孩坐在桌邊再背起孩子

先讓小孩坐在桌邊，爸爸前後張開雙腳蹲下，再背起孩子。

腰部不要施力慢慢站起來

與【背小孩蹲踞操】一樣，利用腿部力量站起來。接著再慢慢屈膝，回到原有姿勢。右腳在前做20次、左腳在前做20次為1組，每次做2~3組。

有趣又費力的
與小孩玩過山洞遊戲

分腿蹲踞與過山洞

肌力訓練篇
家長單人運動 ❸

運動次數
左右20次為1組
做2~3組

伸展的肌肉！
大腿肌群・臀肌群

1

2

雙腳前後張開
小孩從下方穿過

爸爸的上半身呈一直線，雙腳前後張開，讓小孩從雙腿之間穿過。

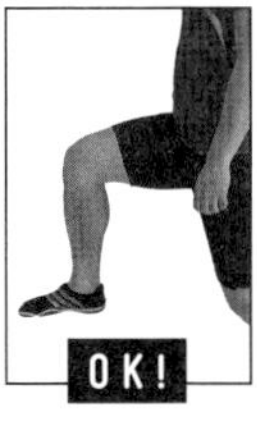

雙腳前後張開時，膝蓋不可超過腳尖，避免膝蓋受傷。所有需要單腳往前踏的訓練操，都要注意這個重點。

身體往下蹲
膝蓋幾乎碰到地面

孩子過完山洞後，爸爸彎曲後腳膝蓋，直到膝蓋快碰到地面為止。爸爸重複上下的動作，讓孩子過山洞。請變換雙腳，重複此動作。孩子以畫8的方式穿過爸爸的雙腿之間。

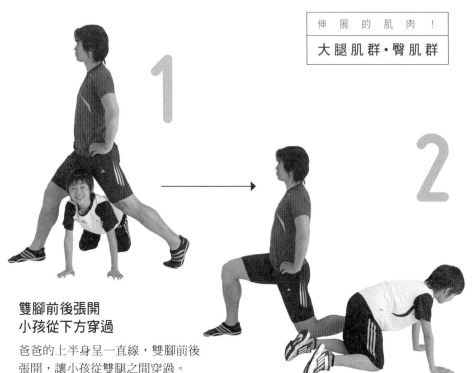

肌力訓練篇
家長單人運動 ❹

運動次數
20次為1組
做2~3組

可同時鍛鍊肩膀和下半身的蹲踞運動

分腿蹲踞與肩上推舉

伸展的肌肉！
大腿肌群・臀肌群・三角肌

1

2

將孩子背在肩上身體往下蹲

爸爸將孩子背在肩上，雙手撐住孩子的腋下，雙腳打開慢慢蹲下。蹲下時請勿垂直往下蹲，應將臀部往後推出。

慢慢站起來雙手伸直

利用肩膀肌肉舉起孩子，再利用下半身的肌肉慢慢站起來。重複此動作。

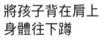

利用餐椅輔助的
簡單訓練操

爸爸空氣椅

肌力訓練篇
家長單人運動 5

運動時間
5秒／10秒／15秒

伸展的肌肉！
大腿肌群・臀肌群

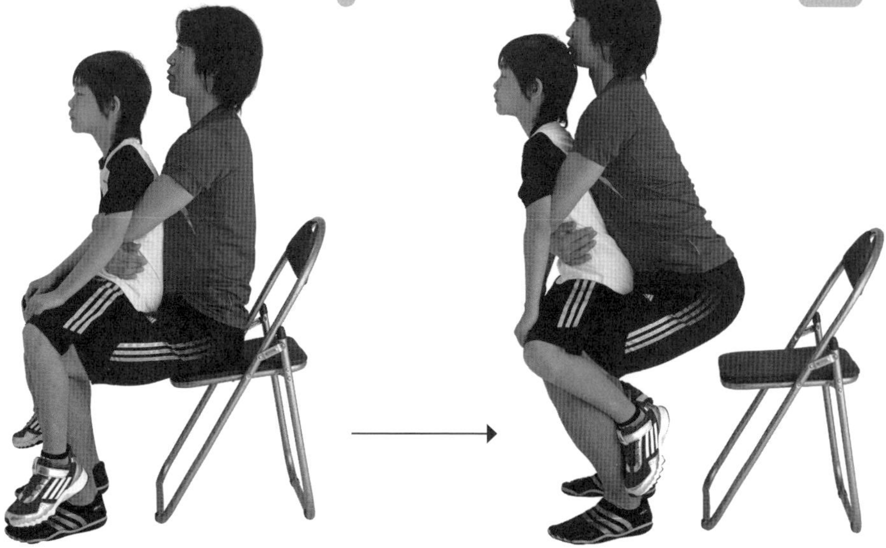

1

2

坐在椅子上
抱著小孩

爸爸坐在椅子上，將小孩抱在大腿上。

抬起臀部
維持半蹲姿勢

抬起臀部，維持半蹲姿勢，盡量維持正常呼吸。可慢慢倍增維持半蹲姿勢的秒數。

肌力訓練篇
家長單人運動 ❻

運動次數
20次為1組
做2~3組

以鍛鍊腹肌
為訓練目標

仰臥起坐與擊掌

伸展的肌肉！
腹直肌

1

躺在地上
讓孩子坐在肚子上

爸爸膝蓋彎曲躺在地上，雙手交握在後腦勺處，孩子則坐在爸爸的肚子上。

2

抬起上半身
與孩子擊掌

利用腹肌的力量抬起上半身，與孩子擊掌。重複此動作。這項訓練操比一個人做仰臥起坐更起勁。

利用孩子的體重
施以適度的負擔

騎馬伏地挺身

運動次數

20次為1組
做2~3組

伸展的肌肉！
胸大肌‧上臂肌群

1

採取趴伏姿勢 讓孩子坐在背上

爸爸採取趴伏姿勢，膝蓋著地，雙手呈八字型。讓孩子坐在自己背上，身體往下壓。

2

重點在於手的位置，千萬不要放得太前面。

利用胸部肌肉 抬起身體

運用伏地挺身的要領，抬起身體。膝蓋位置離身體愈遠，運動強度就愈強，覺得困難時不妨將膝蓋往前方移動。

肌力訓練篇
家長單人運動 8

運動次數
20次為1組
做2~3組

將孩子的身體當成槓鈴
增強肌力的訓練操

小孩仰臥推舉

伸展的肌肉！
胸大肌・上臂肌群

1

握住孩子的雙手
手肘平放在地

爸爸與孩子雙手相握，手肘平放在地，讓孩子的身體往下壓。如果孩子的姿勢無法保持一直線，就不要握住雙手，改撐住孩子的肩膀。

2

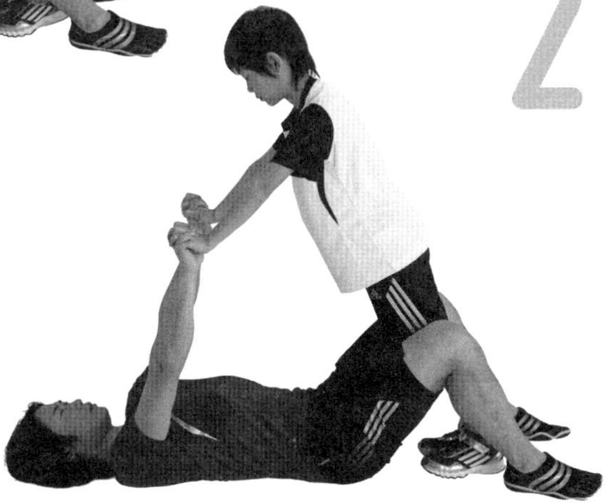

抬起孩子的身體

慢慢抬起孩子的身體（小孩應維持雙肘伸直的姿勢）。孩子雙腳站立的位置離爸爸愈遠，運動強度愈強，訓練時請調整出最佳位置。

COLUMN.2

奧運選手的心理調適

奧運場上經常發生眾望所歸的選手，最後功敗垂成的憾事，也常常演出賽前不被看好的黑馬爆冷奪冠的戲碼。

各位知道為什麼會這樣嗎？

頂尖運動員為了贏得金牌，不僅要嚴格訓練身體素質，也要鍛鍊出堅強的心理素質。想要擁有堅強的心理素質，是否可以累積小小的成功經驗，遠比「奪牌」的意志與願望來得重要。

仔細分析整理奧運前的訓練課程、練習技術、參加可以累積經驗的比賽等具體目標，再按部就班地打好基礎。所有頂尖運動員就是這樣累積許多小小的成功經驗，經過一段漫長的圓夢過程，逐漸提升自我效能感（self-efficacy）以實現目標。

如此一來，頂尖運動員就不會為了奪冠而給自己太大的壓力，或是受到得失心的影響，站在奧運這個世界注目的舞台上也不會太緊張，而得以展現最佳水準，自然就能產生「期待心理」，提高奪冠的可能性。

提升孩子的運動意願！

STEP.5

現在有愈來愈多孩子試了一下就放棄，
尤其現代小孩活動身體的機會不如以往，
體力也比以前差許多，
更難引起他們的運動意願。
該怎麼做才能讓孩子充滿幹勁？
本章將公開提升孩子運動意願的小祕訣，
而且成人也適用喔！

培養孩子的進取心！

提高孩子「相信自己做得到＝期待心理」的方法

「自我效能感（self-efficacy）」是引發孩子幹勁、提升運動能力的重要關鍵。

這個由心理學家班杜拉（Albert Bandura）提倡的概念，乍看之下很艱深，其實**「自我效能感」就是認為自己做得到的「期待心理」**。

「期待心理」愈高，愈能增強孩子的意願，愈低則會降低孩子的幹勁（這項準則不只適用於運動）。在運動領域發光發熱的運動員，以及**社會上的成功人士，大多都是具有高度「期待心理」的人**。

孩子的「期待心理」可以藉由外在刺激提升，左頁列舉的4大重點，就是提升「期待心理」的方法。仔細閱讀不難發現，4大重點都很容易做到，像是「❷以身邊的人為成功範例」這一點，只要爸爸向孩子分享自己的經驗，告訴孩子自己小時候發生的事情，孩子自然就會產生「既然爸爸做得到，我一定也做得到」的想法，這是最容易提升「期待心理」的方法。

身為家長的你，請參考左頁的4大重點，主動幫助孩子，培養孩子成為一位具有高度「期待心理」的人，孩子自然也會積極接觸運動。

提升孩子「自我效能感」
＝認為自己做得到的「期待心理」的4大重點

❶累積成功經驗

因應孩子的能力設定目標，讓孩子累積各種成功經驗。久而久之，孩子就會認為「自己做得到」，這一點很重要。

❷以身邊的人為成功範例

就算跟孩子說「鈴木一朗很會打安打」，孩子也會覺得「我又不是鈴木一朗，怎麼可能做得到」。不妨找一個與孩子能力相當的人（父母本身或同學）為成功範例，讓孩子產生「自己也能做得到」的想法。

❸請有權威的人認同孩子的表現

當有權威的人稱讚孩子做得好時，就能激勵孩子下一次也要繼續努力。父母、學校老師、或運動教練都是孩子心中有權威的人。

❹讓孩子體會到自己的成長與改變

孩子從事運動時，通常不會主動察覺自己「愈做愈輕鬆」，像這類不容易感受到的成長，或是勝敗、時間等細微變化，最好由家長適時提醒，讓孩子知道自己哪個部分做得最好。

POINT!

■失敗經驗會降低「自我效能感」，削弱挑戰精神。
■「自我效能感」較強的人會積極挑戰目標，也較容易堅持下去。
■「自我效能感」較強的人不只在運動方面有傑出表現，也勇於嘗試各種事物。

累積成功經驗的方法

設立成功率只有50％的目標

誠如前頁所說，「累積成功經驗」是提升孩子的自我效能感，亦即認為自己做得到的「期待心理」的重點之一。既然如此，究竟該怎麼做才能讓孩子累積成功經驗呢？

在此以跳箱為例，讓我們一起來思考。若是讓孩子不斷嘗試自己可以輕鬆跳過的高度，無論跳幾次都無法獲得成就感，因此這不算是成功經驗；相反的，若是讓孩子挑戰他自認「絕對跳不過」的高度，不僅不可能成功，反而會累積失敗經驗，導致孩子完全不想再跳跳箱。

重點在於「設立成功率只有50％的目標」，這就是「50／50法則」。若是成功就能充分提高「期待心理」，預估只有50％的成功率，也就代表**實際嘗試成功的機率相當高，這就是目標設立的重點**。如此一來，就能讓孩子累積成功經驗。

請各位家長記住一點，**一定要讓孩子自己決定50／50的目標**，不能由家長或教練設立目標。家長會基於望子成龍望女成鳳的私心提高難度，因此讓孩子自己決定才能避免失敗。

請務必讓孩子自己決定目標，提高孩子的「期待心理」，並培養孩子的判斷力和決斷力！

50%成功率是最適合的難度
【自我效能感衡量表】

衡量標準	
0%	不可能做得到
10%	
20%	
25%	應該做不到
30%	
40%	
50%	………努力一下就能做到
60%	
70%	
75%	應該做得到
80%	
90%	
100%	一定做得到

孩子認為「絕對做不到」的挑戰只會導致失敗經驗，千萬要注意。

雖然有一點點希望，但基本上還是會讓孩子覺得「做不到」。許多家長都會說：「試試看，說不定就成功了。」但最後都是失敗收場。

這是最適切的目標。家長（教練）的職責，就是引導並幫助孩子找出「50%」成功率的目標。

這算是可以「輕鬆完成」的成功率，即使成功也沒什麼成就感，效果不彰。

已經學會的事情，無論做幾次都無法提升自我效能感，請增加難度，培養冒險精神。

POINT! 這項衡量表成人也適用。努力卻總是失敗的人，可能就是目標設定得太高。請務必找出自己的50%成功率，挑戰自己。

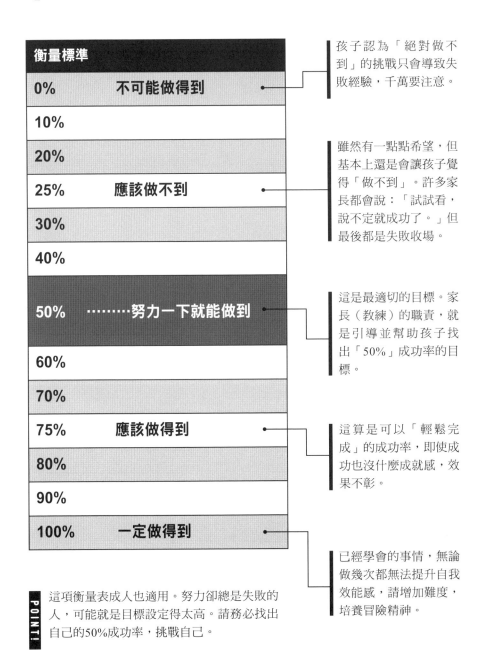

將恐懼心理轉換成自信心！
我的跳箱奮鬥人生
◉ 漫畫・Akahana Dragon
磅！
好痛！
失敗了⋯⋯
我好怕喔⋯⋯
咚—
6⋯6層⋯
怎麼可能跳得過⋯
怎麼了？你覺得很難嗎？
怎麼一臉為難呢⋯
5層的話跳得過嗎？
不行！
衡量表⋯75%
這樣吧！
跳3層怎麼樣？
3層隨便跳也跳得過去！
嗯，那⋯⋯4層呢？
衡量表⋯25%
4層應該跳得過去吧⋯也可能跳不過去⋯
嗯⋯
衡量表⋯50%
我知道了！
那就跳4層看看吧！

衡量表50%的成功經驗，會讓孩子感受到極大成就感，對自己產生信心。

容易失敗並累積壓力的孩子都有這些特性

避免教養出「A型」小孩的方法

以前的小孩大多具有冒險精神，個性也較積極，但最近卻出現了許多屢戰屢敗，感受到極大壓力的孩子。這類型的孩子可能具備了「A*型」的個性與行為特質，A型小孩長大之後不僅容易罹患心臟病，待人處事也較具敵意，容易感到不安，**會在身心方面產生各種問題**。相對於此，個性溫厚、沉著冷靜、容易感到放鬆的性格特質屬於B型。請參照左頁的確認表，了解孩子的「A型傾向度」。

由於**帶有A型傾向的小孩事事要求完美，企圖心旺盛**，喜歡設立難度較高的目標，因此容易遭遇失敗。為了避免教養出A型小孩，家長應該採取正確的教育方針。例如：①家長不要過度保護小孩、②只要不會影響人生，應該盡量讓孩子自己做決定、③教育孩子時不濫用賞罰機制、④不事事拿自己的小孩與其他小孩比較、⑤凡事不要求完美。此外，如果父母是A型性格，則很容易教養出A型小孩。

何謂「A型」性格？

美國的心臟學家梅爾・費德曼（Meyer Friedman）認為，具備「A型」性格與行為模式的人容易引發心臟病。「A型」性格有3大特性，包括「時間迫切感（永遠覺得時間不夠用）」、「浮動性敵意（待人處事充滿敵意）」、以及「充滿不安、過當的自尊心（經常感到不安、自尊心過強）」，而且秉持「一定要做到」的信念，事事要求完美，企圖心旺盛，說話速度較快，聲音宏亮，獨斷獨行。美國經常會用「A型人」來形容這類人的個性。

你的孩子屬於哪一型？

「A型」指數檢測表

※資料來源：「兒童用A型檢測表」（日本版MYTH）

		完全不會	不明顯	尚可	大致符合	完全符合
★	①玩遊戲時展現出強烈的競爭性格	1	2	3	4	5
■	②做事速度快且態度積極，不會深思熟慮後再行動	1	2	3	4	5
	③不喜歡等人	1	2	3	4	5
	④凡事都很急躁	1	2	3	4	5
■ ▲	⑤很少對朋友生氣	1	2	3	4	5
▲	⑥喜歡阻礙別人	1	2	3	4	5
★	⑦在大多數場合中擔任領導者	1	2	3	4	5
▲	⑧動不動就發脾氣	1	2	3	4	5
★	⑨與人競爭時會使出比平常更多的力氣	1	2	3	4	5
▲	⑩經常與人發生口角（口頭糾紛）	1	2	3	4	5
■ ▲	⑪對方慢吞吞也會耐著性子等	1	2	3	4	5
★	⑫比其他小孩求好心切	1	2	3	4	5
■ ▲	⑬能長時間坐著不動	1	2	3	4	5
★	⑭玩遊戲或做作業時要求「完美」，不在乎是否「有趣」	1	2	3	4	5
★	⑮其他孩子經常拱自己的小孩當領導者	1	2	3	4	5
★	⑯競爭心強	1	2	3	4	5
▲	⑰動不動就吵架	1	2	3	4	5

★…競爭性　▲…焦躁．攻擊性　■…反向計分題

性格類型	A1	A2	XA	XX	XB	B3	B4
得分	68以上	58～67	53～57	43～52	38～42	28～37	27以下

←……A型傾向．強　　A型傾向．弱……→

如何教育「容易厭倦、喜新厭舊」的孩子？

善用「歸零原理」，長期抗戰

一般都認為「三分鐘熱度」是不好的習慣，由於孩子心性未定，好不容易喜歡上某項運動，也很容易玩了一陣子就沒興趣，或是一天捕魚三天曬網。

話雖如此，人是一種懶散的動物。即使是名滿天下的棒球選手鈴木一朗，也一定有過偷懶怠工的經驗。我相信這個世界上沒有不偷懶的人，不過，為什麼人會想要偷懶或是置之不理呢？我認為**壓力會讓人改變已經習慣了的生活模式與行為模式**，這就跟成人無法長期減肥的道理相同。

為了避免三分鐘熱度，我建議各位善用「歸零原理」。懶散是人類的天性，千萬不要因為自己偷懶就半途而廢，認為自己「做不到」，應該再接再厲才是。就算之後又偷懶，還是不要放棄，重新開始即可——這個循環就是我提倡的「歸零原理」。**就算只做3天，只要重新再來10次，就等於做了1個月的運動量**。

當孩子開始一天捕魚三天曬網時，只要想辦法將歸零原理運用在孩子身上，讓孩子重新開始即可。家長一定要有耐心，不要著急，拋開「做或不做」的選擇題，以最大的包容心處理此事。

心理學中有一個專有名詞稱為「行為改變技術」（behavior modification），反覆運用「歸零原理」就能改變一個人的行為。不是由家長改變孩子，而是孩子主動改變自己。

孩子長大了還是能提升運動神經的方法

在12歲之前培養小孩的「兒童性格」

我在指導運動員時，會利用人際溝通分析（transactional analysis／心理學理論）的自我狀態問卷，仔細分析每個人的個性，幫助提升運動意願。自我狀態問卷從「CP、NP、A、FC、AC」等5種狀態的分布情形來分析人格特質，建議各位家長不妨先翻閱第118頁，利用人際溝通分析檢測表了解自己的個性。

在這5種狀態中，FC與AC是最具有兒童性格的類型（C為Child的開頭字母），FC愈高的人個性愈奔放、愈天真，若是太高則容易以自我為中心。另一方面，AC太高的人較容易依賴與妥協，具有社會性，若是太高則會「失去自我」。重點在於FC，**FC過低的人容易產生精神方面的問題**，而且FC與AC**差不多會在12歲時發育完成**。

話說回來，怎麼教才能教養出FC高的小孩？方法之一就是滿足每個人與生俱來的6大基本需求，也就是：①愛與被愛、②認同感、③歸屬感、④被尊重、⑤追求自由與⑥成就感。教育學家經常鼓勵家長給孩子滿滿的愛，肯定孩子的表現，即使是孩子也要將他當成一個完整的人給予尊重，就是這個原因。

每個人對於愛、認同、與尊重的需求程度不同，請仔細觀察孩子的狀況，做出最好的決定。

不是一味讚美就好！一定要了解的兩種讚美技巧

讓孩子感到安心與自信的「讚美技巧」最終奧義

讚美能給予孩子正面的影響（在前述的人際溝通分析中稱為「正向安撫」），比起斥責、說教（「負向安撫」）更具意義，這一點毋須我多做說明，相信各位也很清楚。

讚美是引發孩子意願，讓孩子積極從事運動的最重要因素，不過，**並非一味讚美就好**，各位一定要學會適度讚美的方法。

使用「有條件的讚美方式」，像是「你自由式可以游25公尺，好厲害」或是「沒想到你能擠進大賽的前8強，真是太棒了」這類說法時，一定要謹慎。我也同意達成某項目標時，確實應該好好稱讚，但若是一直以「因為你達到了某某目標所以很棒」這樣的方式稱讚孩子，小孩會認為「只要沒達成目標，父母就不會稱讚自己」。久而久之，就會讓孩子感到痛苦，**進而逃避運動**（不再從事運動或偷懶）。

為了避免這個問題，我呼籲各位家長採用「無條件的讚美方式」。亦即不管孩子有沒有達成目標或符合條件，就算覺得難為情，也要讚美孩子：「你有勇氣挑戰就是最好的表現」、「你盡力了，真的很棒」！

讓孩子再接再厲的兩種讚美技巧

有條件的讚美方式

〔例〕

「最後PK勝出，太厲害了！」
「預選能夠過關，真是了不起！」
「考試考90分啊？好厲害喔！」

適度使用 ↓ **自信**

過度使用 ↓ **逃避**

無條件的讚美方式

〔例〕

◉「就算最後PK沒贏，爸爸也以你為傲。」
◉「棒球打得好不好都無所謂，爸爸媽媽只要你活得開心就好。」
◉「這次你考了100分，不過就算是考0分，爸爸媽媽還是一樣愛你喔！」

適度使用 ↓ **安心**

過度使用 ↓ **依賴**

POINT!

每次都以有條件的讚美方式稱讚孩子，會讓孩子擔心「是否沒達成目標就會有不同待遇？」進而產生逃避心態。
但若是每次都以無條件的讚美方式稱讚孩子，則會讓孩子認為「我不努力爸爸媽媽也會認同我」，進而產生依賴心理，而且也會削弱孩子的冒險精神。

↓

孩子達成目標時請好好讚美，即使失敗也要讚美。
巧妙運用這兩種讚美技巧，就能讓孩子擁有「自信與安心感」，面對各種挑戰。

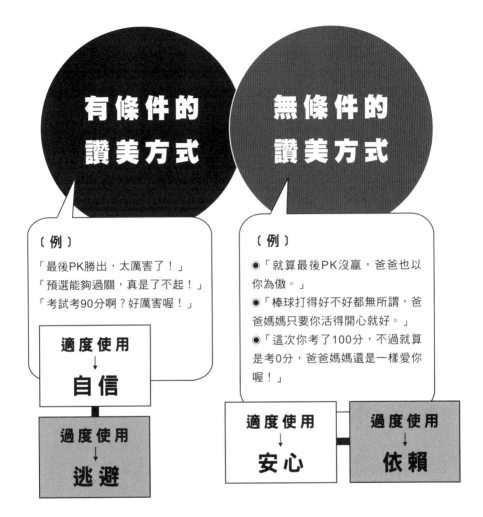

STEP.6

開心鍛鍊
「體幹肌肉與身體平衡」！

本章的目的是進一步提升
兒童最擅長的「學習動作」能力，
同時鍛鍊大人最關注的「體幹」，
以達到穩定骨骼的目標，
並有效預防與減輕腰痛的問題。

本章介紹的全是有助於提升各種運動表現的訓練操，
雖然看似簡單，其實做起來有些困難，
不妨抱著遊戲的心情開心嘗試！

※本章由「親子雙人運動」、「小孩單人運動」、與「家長單人運動」3部分構成。
※「親子雙人運動」與「小孩單人運動」都有標明促進運動效果的圖示，歡迎參考。

投擲 單槓 足球 姿勢 跳躍力 跑步

撐體運動與過山洞

運動時間
30秒為1組
做2~3組

1

下手臂與腳尖撐地抬起身體

爸爸以下手臂與腳尖撐地，做出伏地挺身的姿勢，抬起身體。孩子以爬行姿勢穿過爸爸的身體下方。

2

孩子過完山洞後爸爸繼續維持姿勢

孩子過完山洞後，再重複穿過爸爸的身體下方。爸爸要繼續維持姿勢，不必像伏地挺身一樣上下運動身體。

POINT

維持伏地挺身的姿勢時，臀部不可抬太高，避免降低訓練的效果。

運動時間

20次為1組
做2~3組

既可強化腹肌群
又能提升跳躍力

推棒子

1 孩子握住爸爸併攏的雙腳

爸爸採取躺姿，雙腳併攏，
讓孩子握住爸爸的腳踝。

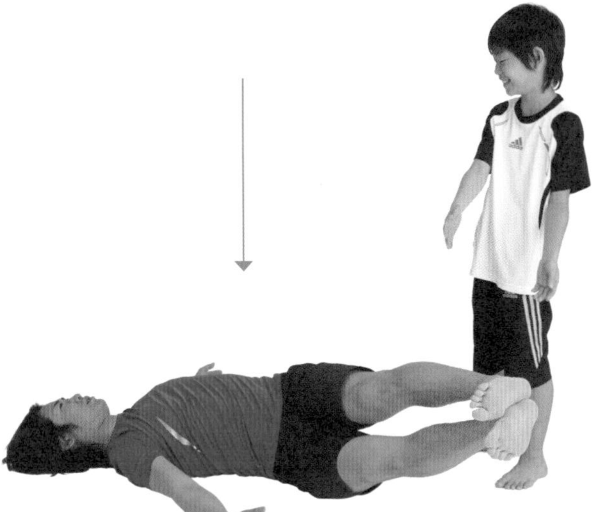

2 將爸爸的雙腳朝各個方向推倒

孩子準備好後，將爸爸的雙腿朝各個不同的方向推倒。爸爸要避免讓雙腳著地。

一定要挑戰一次的
運動高手的訓練課程

反向撐體與過山洞

運動時間
20秒為1組
做2~3組

1

正面朝上撐起全身

爸爸正面朝上，手掌與腳掌著地，將全身撐起來。孩子以爬行姿勢穿過爸爸的身體下方。

2

孩子過完山洞後爸爸繼續維持姿勢

孩子過完山洞後，再重複穿過爸爸的身體下方。爸爸則要繼續維持這個姿勢。

運動時間

左右20秒為1組
做2~3組

可鍛鍊體側肌肉的
運動高手的訓練課程

側身撐體與過山洞

1

側身撐體 抬起上半身

以單側手掌和腳踝著地，將上半身撐起。另一隻手往上伸直，保持平衡。孩子以爬行姿勢穿過爸爸的身體下方。

2

孩子過完山洞後 爸爸繼續維持姿勢

孩子過完山洞後，再重複穿過爸爸的身體下方。爸爸則要繼續維持這個姿勢。

將全身想像成桌子
鍛鍊體幹的訓練操

伸直體幹運動

運動時間
左右10秒為1組
做2~3組

投擲　單槓　足球　姿勢　跳躍力　跑步

1 基本

雙腳著地
仰躺在球上

雙腳腳掌著地，仰躺在抗力球上。維持此姿勢一會兒。孩子一個人做不來時，可請爸爸幫忙。

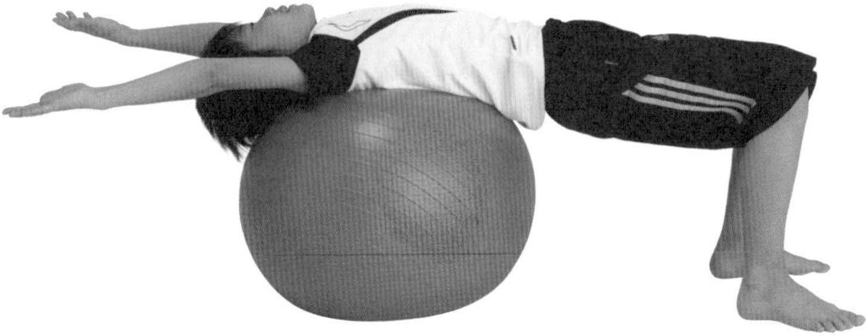

2 應用

抬起單腳
維持姿勢

可輕鬆完成1的訓練操之後，接下來就稍微變化一下。從1的姿勢抬起單腳，靜止不動。

身體平衡與體幹篇
小孩單人運動 2

運動時間
10秒為1組
做2~3組

利用抗力球
打造穩定體幹

溜滑梯運動

投擲 單槓 足球 姿勢 跳躍力 跑步

1 基本

雙腳放在球上
仰躺在地

將雙腳放在抗力球上，仰躺在地。
維持姿勢，盡可能不移動雙腳。

2 應用

抬起雙手
往上伸直

可輕鬆完成1的訓練操之後，一定要嘗試應用篇。從1的姿勢抬起雙手，往上伸直。

有效提升全身穩定性的
抗力球訓練操

4點平衡運動

運動時間
20秒為1組
做2~3組

POINT

抗力球的大小與空氣量，會影響這項運動的難度，還未熟練前不妨適度調整。

投擲 單槓 足球 姿勢 跳躍力 跑步

正面朝下
雙手與雙膝放在球上

將雙手手掌與雙腳膝蓋這4點放在抗力球上，盡可能固定身體，維持姿勢，延長待在球上的時間。
※請在滑倒也不易受傷的安全場所從事此項訓練操。

運動時間
左右20秒為1組
做2~3組

輕鬆有趣又能長時間訓練
這就是增強體幹肌肉的祕訣

巨無霸噴射機運動

投擲 單槓 足球 姿勢 跳躍力 跑步

1

雙手張開
趴伏在球上

讓孩子雙手張開，腳尖著地，趴伏在抗力球上，維持身體平衡。

2

維持平衡
身體往左右傾斜

在維持平衡的情況下，模仿飛機轉向的姿勢，左右傾斜身體。

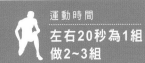

充分運用全身
發揮巧思的猜拳操

身體猜拳運動

身體平衡與體幹篇
小孩單人運動 ❺

運動次數
20次為1組
做2~3組

投擲 單槓 足球 姿勢 跳躍力 跑步

1

全身縮成一團
代表石頭

爸爸用手、孩子坐在抗力球上，利用全身猜拳。將全身縮成一團即為石頭。

2

手腳前後打開
代表剪刀

孩子將手腳前後打開，即為剪刀。

3

手腳往兩旁張開
代表布

孩子將雙手雙腳往兩旁張開即為布。孩子抬起腳尖，腳跟著地。

身體平衡與體幹篇
小孩單人運動 ❻

運動時間
20秒為1組
做2~3組

以正確方式使用抗力球
學會平衡感

雙腿夾球平衡運動

投擲 單槓 足球 姿勢 跳躍力 跑步

雙膝夾住抗力球
維持身體姿勢

如正座般坐在抗力球上。將雙手張開、雙膝夾住球，以維持身體平衡，避免搖晃。

※請在滑倒也不易受傷的安全場所從事此項訓練操。

有將身體想像成飛機
鍛鍊身體平衡感的訓練操

螺旋槳飛機競賽運動

身體平衡與體幹篇
親子雙人運動 ❶

運動時間
左右20秒為1組
做2~3組

投擲　足球　姿勢　跳躍力　跑步

1

站在坐墊上
雙手張開、單腳站立

將坐墊放在地上，親子站在坐墊上，雙手張開、單腳站立，維持身體的平衡。

2

傾斜身體
另一邊也重複相同動作

往任意方向傾斜身體，再往另一邊傾斜。換腳站立，重複相同動作。與孩子比賽，看誰能維持平衡久一點！

運動時間
左右30~90秒為1組
做2~3組

最基礎的
平衡感訓練操之一

單腳站立平衡操

投擲 足球 姿勢 跳躍力 跑步

1

遮住孩子的雙眼 單腳站立

讓孩子戴上眼罩（或纏上毛巾），遮住雙眼。親子一起單腳站立，一邊讀秒一邊維持身體平衡。

2

換腳站立 維持身體平衡

換腳站立，重複相同動作。孩子快要跌倒時，爸爸請扶孩子一把。

一次鍛鍊
平衡力與接球技巧

單腳接球

身體平衡與體幹篇
親子雙人運動 3

運動時間
左右60~90秒為1組
做2~3組

投擲 單槓 足球 姿勢 跳躍力 跑步

1

單腳站立
傳接球

親子單腳站立，互相傳接球。抬起來的腳掌緊靠在軸心腳的膝蓋內側。

2

換腳站立
重複相同動作

換腳站立，維持身體平衡，重複傳接球的動作。可以雙手接球。

身體平衡與體幹篇
親子雙人運動 ④

運動次數
左右10~20次為1組
做2~3組

在開心遊戲的過程中
找出重心偏移的狀況

遮眼跳房子遊戲

足球　姿勢

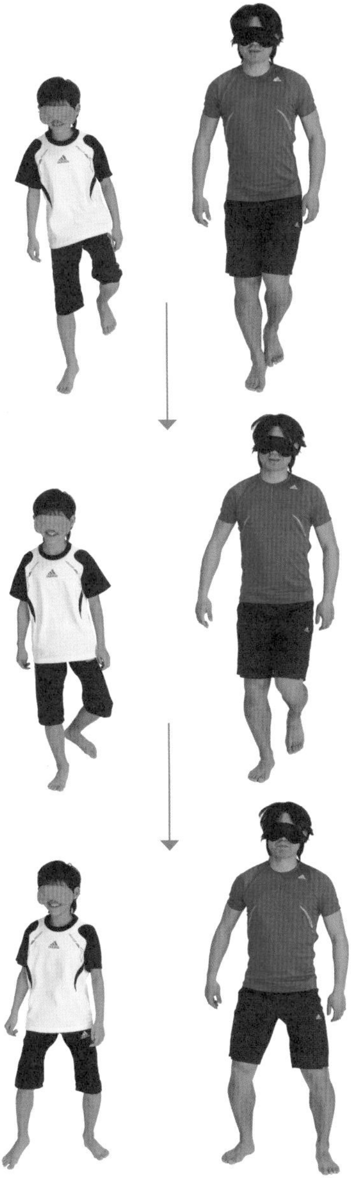

1 戴上眼罩遮住雙眼

親子都以眼罩或毛巾遮住雙眼。

2 重複跳房子遊戲的動作

親子一起喊出聲，原地做出跳房子遊戲的動作。

3 比賽誰在原地待得久

重複幾次後，親子皆拿下眼罩（或毛巾），看誰還停留在原地。右腳做完後，請換左腳重複相同動作。

※重複跳房子遊戲的動作可能會使身體移動，請務必在安全場所從事此項訓練操。

利用抗力球
改善孩子身體姿勢

雙腳運球遊戲

運動次數

20次為1組
做2~3組

投擲 單槓 足球 姿勢 跳躍力 跑步

1

採取躺姿
雙腳夾球

親子皆躺在地上，用雙腳夾住抗力球。

2

用腳傳球
球不可掉在地上

用腳相互傳球，過程中球不可掉在地上。重複傳球動作。

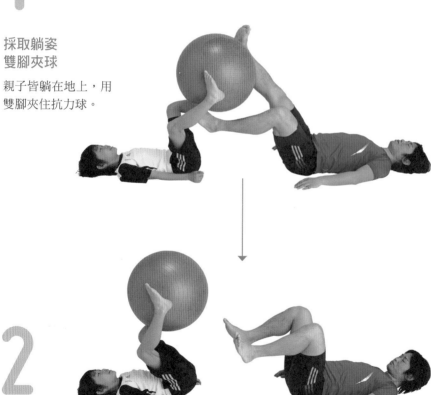

運動次數

20次為1組
做2~3組

既可鍛鍊腹肌
又能練習投球動作

仰臥起坐與碰球

投擲　單槓　足球　姿勢

POINT
孩子只要碰到抗力球即可。雙手握球做仰臥起坐會過度刺激腹肌，因此請務必由爸爸持球。

1 固定雙腿 採取躺姿

爸爸夾住孩子的雙腿，固定身體並仰躺在地上，雙手握球。

2 重複仰臥起坐 與孩子碰球的動作

發出信號，兩人同時做仰臥起坐。孩子高舉雙手碰到球後，便回到原有姿勢。重複此動作。

親子步調一致
讓孩子做出游泳動作

輔助跳球運動

身體平衡與體幹篇
親子雙人運動 7

運動次數
10次為1組
做2~3組

投擲 單槓 足球 姿勢 跳躍力 跑步

1

爸爸站在球前面 準備接住孩子

爸爸站在抗力球的前面，準備接住孩子的身體。孩子將手放在抗力球上。

2

孩子一口氣撲到球上

爸爸發出信號，孩子就以飛撲姿勢跳到球上。

3

立刻接住 孩子的身體

爸爸請抓準時機接住孩子的身體。重複此動作。

身體平衡與體幹篇
親子雙人運動 ❽

運動次數
10次為1組
做2~3組

既可練習游泳動作
又能調整身體姿勢

輔助滾球運動

投擲 單槓 足球 姿勢 跳躍力 跑步

1 讓孩子趴在球上 握住孩子雙腳

讓孩子趴臥在抗力球上方，爸爸握住孩子的膝蓋或腳踝。

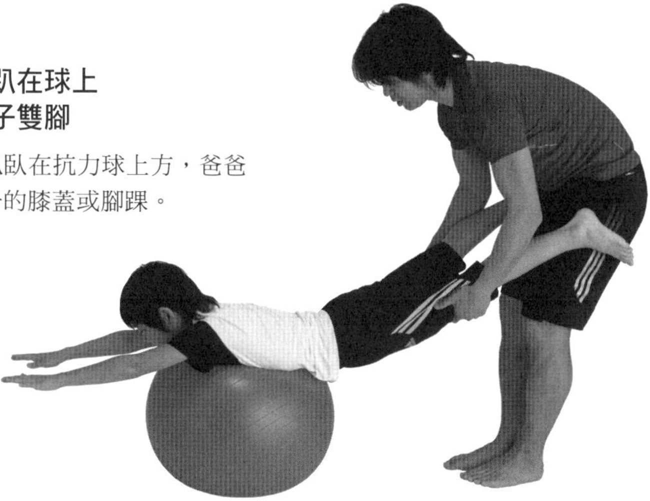

2 讓孩子在球上 前後移動身體

讓孩子維持趴臥在球上的姿勢，前後移動孩子的身體。過程中應避免孩子過度拗背。

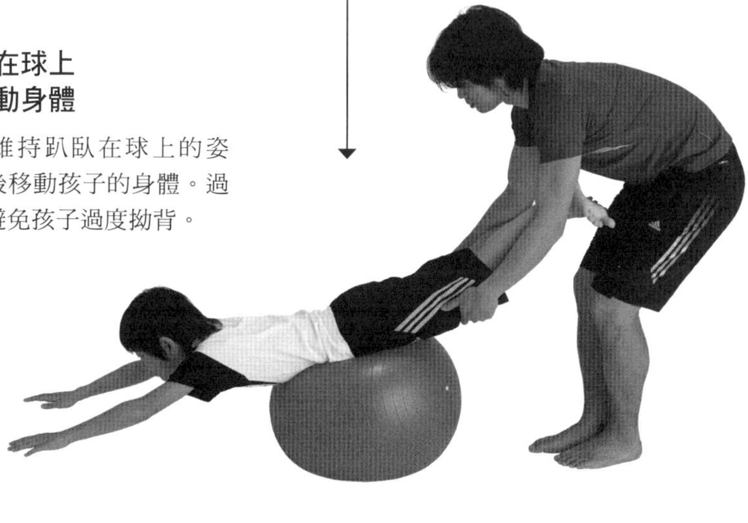

COLUMN.3

解開對「維他命C」的錯誤認知

維他命C——能養顏美容、治療感冒……這是一般人對它的印象。相信很多讀者為了追求健康與美麗，平時都有吃「維他命C」或「綜合維他命」等保健食品的習慣。

但在此我要公開呼籲，各位對維他命有一些錯誤的認知。每個人每天必需的維他命C攝取量為100毫克，而日本人從日常飲食中平均即攝取了117毫克，換句話說，沒有必要再吃保健食品補充維他命C。或許很多人會認為「就算攝取過量也會透過尿液排出體外」，但事實上過量攝取維他命C，不僅需要花費許多時間才能排出去，也會導致血液濃度過高。甚至還有研究報告指出，吃太多維他命C不但無益健康，還會阻礙肌肉發達。

而維他命E和硫辛酸（lipoic acid）跟維他命C一樣，攝取過量都會阻礙肌肉發達，所以我倒認為日本人應該加強攝取的營養素是鈣質。

請勿受先入為主或刻板印象的觀念所限制，「均衡攝取所有營養素」才是關鍵。

了解父母的職責！

STEP.7

孩子喜不喜歡運動完全取決於父母，
但父母並不需要成為運動健將，
而是要與孩子一起開心玩樂，
矯正孩子的壞習慣。
父母的正確決定，
可以培養出健康快樂的孩子。

受傷也有收穫？

從運動中感受「疼痛」、學會處理、並產生同理心

很多人覺得擦傷很痛，也有人前一天做太多運動，第二天就因為肌肉痠痛而向公司請假。另一方面，有些人雖然不是職業運動員，但很喜歡踢足球或打橄欖球，全身是傷也不在意。根據身為體適能教練的個人經驗，我發現每個人對於「疼痛」的感受度都不同，為什麼會有這樣的差異？

沒有人喜歡疼痛，即使是將受傷當成家常便飯的運動員，也並非對疼痛毫無感覺。既然如此，他們為什麼能忍受某種程度的疼痛，即使受傷也能維持正常表現？我想，答案就是從經驗中「學習」忍痛的技巧。

只要是從小運動的人，一定都曾經歷過各種疼痛。包括擦傷、刀傷、肌肉痠痛、跌打損傷、扭傷與骨折……隨著經驗愈來愈豐富，只要一受傷就知道什麼樣的傷「不礙事」，也能預測疼痛的程度，學會如何處理。此外，**了解自己的疼痛感，能對他人的疼痛產生同理心**，也就是能感同身受。我不是兒童教育的專家，但我認為「會失去控制並暴力相向的人」，可能就是因為小時候缺乏「學習疼痛」的經驗。

身為父母當然都會希望孩子不要受傷，但我希望各位家長能換個角度想，受傷其實也是「一個好的經驗，一個很好的學習機會」。

雖說一味玩樂容易玩物喪志……

運動遊戲也能「刺激大腦」

小時候父母經常罵我們：「不要只顧玩，去給我念書！」我同意念書真的很重要，但**遊戲也可以促進孩子的智能發展**。

不只是本書介紹的訓練操，足球、游泳等運動，或鬼捉人與捉迷藏等遊戲，都能充分刺激孩子的腦部發展。

讓我以捉迷藏為例來說明，首先孩子必須先找到一個不會讓「鬼」發現的地方躲起來，此時大腦會將周遭環境轉換成三次元空間，開始運算處理。等找到可以躲藏的地方之後，就會開始行動。當一個人要爬牆或擠進狹窄的地方，大腦就會從三次元的角度轉換整個空間，再決定行動步驟，這個時候就需要用到**一般生活中不會出現的身體運用方式**。此外，在躲藏期間還要注意腳步聲，想像鬼的行動，確認自己到底躲了多久等等。

運動與遊戲就是像這樣促進大腦的成長，這些都是**坐在家裡看電視、玩電玩無法獲得的正面刺激**。在科學家執行的動物實驗裡也發現，能靠自我意志活動的受驗對象，其大腦比無法靠自我意志活動的受驗對象發展得更健全。由此可見，想讓孩子在智能上也有健全的發展，一定要積極地讓孩子從事運動。

小孩的罹病風險與成人一樣大

勤運動才能預防肥胖

現代社會裡有許多兒童缺乏運動，如果他們能像以前的孩子一樣，在山裡奔跑玩樂，相信各位也不會購買本書。造成兒童運動不足的原因不勝枚舉，包括長時間看電視、忙著補習或學才藝、沒有遊戲場所、受到少子化影響而缺少同年齡的玩伴等。此外，除了運動量不足之外，兒童的肥胖問題也相當嚴重。

根據某項調查結果顯示，**肥胖兒童最顯著的生活型態，就是長時間看電視**（相較於正常體重的兒童平均每天看164分鐘的電視，肥胖兒童平均每天看235分鐘）。

一般人說到因運動不足導致肥胖的兒童，都會聯想到「居住在都市裡的小孩」，但事實上並非如此。如今二、三線城市或農村居民，比都市地區更依賴汽車，很多學齡兒童都是由父母接送上下學。如此一來，孩子在生活中可以活動身體的機會便愈來愈少，也愈來愈容易肥胖。這樣的生活型態，不只會提高兒童罹患生活習慣病的風險，長大後也無法擺脫同樣的疑慮。由於現代社會不活動身體也能維持基本生活，因此更需要刻意運動。

我相信各位已經了解運動的重要性，不妨藉由本書介紹的訓練課程，在遊戲中讓孩子感受到運動的樂趣，避免孩子因為運動不足而成為肥胖兒童。

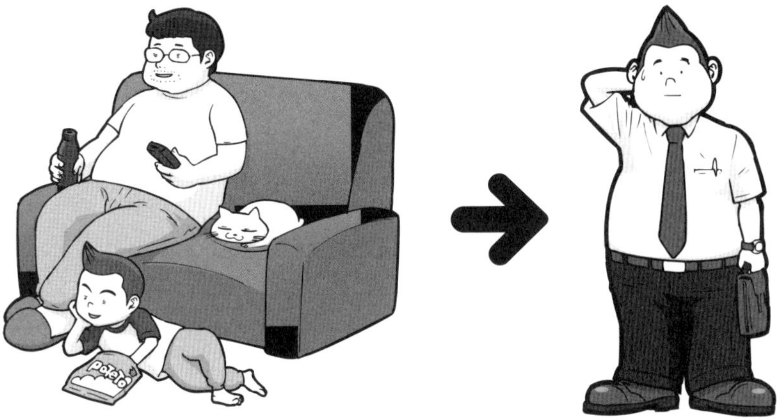

學齡期的肥胖成年後很難瘦下來
也會形成易胖體質

一般而言，有60~80%的肥胖兒童長大後依舊瘦不下來。此外，肥胖也會提高兒童罹患高血壓、糖尿病、與睡眠呼吸中止症等健康障礙的機率，千萬不要因為「孩子還小」就掉以輕心。

擅長運動的小孩不僅充滿自信
長大後也會成為身心健全的成年人

現代小孩與過去不同，同年齡的玩伴不多，因此必須靠父母的引導才能愛上運動。活動身體不僅能避免肥胖，還能提升孩子的上進心，長大後才能成為充滿自信的成年人。

誰有選擇權？

家長的決定權只在「剛開始」

相信各位都曾經有過讓孩子去學運動的經驗，不過有些小孩上了幾次課之後就不想再去，此時家長究竟該強迫孩子去上課，還是尊重孩子的意願？

我的答案是，「讓孩子自己決定要不要繼續從事該項運動」。

家長可以幫孩子選擇去學哪項運動，但**要不要繼續學習，則要由孩子自己決定**。只要不是關乎人生的重大決定，我認為不管孩子幾歲，都應該讓孩子自己做決定，如果孩子「不想學」，也要尊重他的意願。

讓孩子嘗試各種運動，再**讓孩子從中選擇自己想繼續的項目**即可。很多父母不讓小孩自己做決定，希望孩子照著父母的話做。追根究柢，孩子是擁有不同人格的獨立個體，父母的意志無法真正改變小孩。孩子就算表面上假裝聽從父母的話，本質上還是不同。從孩子的立場來看，由於自己是被迫做出違反意志的行為，因此會感到極大的壓力，總有一天會爆發開來。我認為這就是「情緒失控的資優生」會成為社會話題的成因之一。

選擇權在孩子身上。父母只要從旁協助，讓孩子打從心底享受自己喜歡的運動即可。

搭電車時讓小孩坐、躺在柔軟的沙發上，這些都是危險警訊!?

避免讓孩子養成「不良姿勢」

會給身體帶來負面影響的姿勢稱為「不良姿勢」。

假日時孩子看到家長躺在沙發上看電視，也會有樣學樣，跟著躺在沙發上。孩子會模仿父母的言行，親子和諧地躺在沙發上看電視，確實是一幅溫馨感人的畫面。

不過，請務必注意一點，成人的骨骼發育已經定型，而且家長會知道「自己現在的姿勢對身體不好」。反觀孩子無論是身體或骨骼都還在發育，而且完全不清楚什麼樣的姿勢是不良姿勢。

一旦孩子長時間維持不良姿勢，**容易引起骨骼發育不良**。大家都以為「骨骼很硬」，骨骼確實很硬，遇到突如其來的重壓或強烈撞擊時，可以承受極大的力道。不過，若是長期遭受微弱的刺激，就會讓堅硬的骨骼開始變形。

我曾聽牙科醫生說，牙齒也跟骨骼一樣，當孩子學會閉上嘴巴用鼻子呼吸，舌頭會貼在上顎處平均施力，壓在牙齒內側，這個動作能降低上排齒列不正的機率。舌頭是很柔軟的器官，卻會影響齒列的整齊度。從這一點來看，也難怪許多用嘴巴呼吸的運動員都有齒列不正的問題。

不必我多說，骨骼發育不良對成長帶來的負面影響，相信各位都心裡有數。同理可證，不要再讓孩子坐在**太軟的沙發**上，或是坐在**沒有椅墊的電車座椅**上，而要讓孩子保持正確的身體姿勢。

晚上適合運動嗎？

什麼時候最適合運動？

人類的自律神經（不受自我意志控制，會自行調整身體機能的神經）分成「交感神經」與「副交感神經」，而且這兩大神經的作用正好相反。交感神經主司「活動、壓力、緊張」；副交感神經則掌管「休息、放鬆」。

生活作息正常的人，白天交感神經活躍，主控身體反應，到了晚上就換副交感神經活躍，進入休息模式。

親子若要一起運動、慢跑，就必須等爸爸下班回家，若遇到爸爸必須加班的情形，就會導致很晚才能做運動。雖說一起運動有助於親子溝通，但**深夜運動容易使得孩子的交感神經活躍**，反而睡不著（爸爸也會有相同情形）。

與其硬是在晚上運動，不如隔天早一點起床，早上運動對身體比較好。

順帶一提，**肌肉溫度較高時，可以提升伸展操的效果**。肌肉溫度偏低時，肌肉的黏性較高，勉強伸展容易導致肌肉纖維受傷。

在運動或泡澡後，體溫較高、肌肉黏性較低時從事伸展操，效果最好。

你是否都幫孩子買大一點的鞋子？

「鞋子尺寸一定要剛好」的理由

除了柔道與游泳等少數運動之外，幾乎所有運動都要穿鞋子。有些家長基於「孩子一下子就長大了」的想法，常會讓孩子穿大半號或一號的鞋子；也有些家長明明知道孩子的腳變大了，還是讓孩子穿尺寸較小的鞋子。

從預防運動障礙的觀點來看，再加上我曾經擔任愛迪達（adidas）慢跑鞋的約聘顧問，我認為這樣的做法大錯特錯。

首先，讓孩子穿不合腳的鞋子，會讓孩子的腳尖頂到鞋頭，引起「指甲下血腫」，導致指甲變黑、剝落。此外，鞋子的彎曲點（可彎曲的部位）如果與腳的**折彎點不合**，**就會阻礙骨骼發育**。

給孩子買合腳的鞋子確實會花費較多金錢，但還是建議各位家長應配合孩子的成長狀況，帶孩子到專賣店**測量腳掌尺寸**後，再選購尺寸適中的鞋款。

何謂「指甲下血腫」？

簡單來說，就是指甲下方積血腫脹。最常發生在足球選手或馬拉松跑者身上，即使是成年人也不例外。當指甲下方積血，皮下就會呈現黑色，引起腫脹，導致指甲翻起。黑色瘀青最後會蔓延到指甲，指甲就會剝落。不過，雖然會花一點時間，但指甲還是會長回來。在某些情形下，只要抽掉瘀血就能留住指甲，避免剝落。

孩子也會累積壓力

運動具有紓解壓力的功效

現代社會充滿壓力，我相信各位每天都要與無數壓力奮戰。其實兒童每天也要面臨許多壓力，雖說生活變得舒適便利，但依舊避免不了考試壓力、霸凌危機、以及對未來生活的焦慮感。

我們每天都以「壓力」來形容自己的焦躁情緒，但嚴格來說，造成壓力的原因稱為「壓力原」，感到壓力後引起的症狀稱為「壓力反應」。當我們接觸到過多壓力原，無論大人小孩都會產生壓力反應，引起腹痛、腹瀉、便祕、肩膀痠痛等症狀，甚至引發憂鬱症。

運動是能讓孩子承受壓力，並控制壓力的最佳方法。「放鬆」與「活動」是紓解壓力的兩大方式，「放鬆」的功效毋須再做說明，相信各位一定深有體會；**至於「活動」的功效，一言以蔽之，就是「活動身體宣洩壓力」**。

當人處於壓力狀態，身體會分泌壓力荷爾蒙皮質醇（cortisol）進入血液之中，促進血液循環，此時只要勤做運動，就能消耗皮質醇。

孩子遇到課業與人際關係這兩大壓力原時，身體不像成年人會感到疲累，不妨教導孩子利用運動宣洩並控制壓力。

孩子對於許多事情都很懵懂，家長一定要了解自己的職責，在生活中養成孩子的正確觀念。

改變生活習慣

好好吃早餐，每天都要吃14種食物。

孩子會模仿父母的言行

搭乘電車時不要長時間坐著。
隨時注意孩子的姿勢。

家長也要隨時活動身體

勤走樓梯，凡事不可耽於安逸。

人際溝通分析檢測表

本書第83頁介紹的「FC」和「AC」等標記，
是人際溝通分析中，
自我狀態問卷個性測驗歸納的自我狀態類型名稱。

自我狀態問卷的原意，並非用來分類性格，
其闡述的是
「性格是由5大自我狀態的分數高低所形成」的概念，
本書特地加以簡化，
幫助各位讀者檢測自己的哪個自我狀態特徵較顯著。

個性尚未成形的兒童，不適用自我狀態問卷，
不過身為家長的你，可以了解自己的哪種個性較明顯，
幫助你與孩子和睦相處。

〈檢測方法〉

請從下方的3種答案，以直覺回答
「TYPE.1~5」的5大類型×10項問題

◉一定會（經常）……………… **3分**
◉有時會（尚可）……………… **2分**
◉偶爾會（很少）……………… **1分**

在這項獨創的簡易測驗中，
TYPE.1~5得分最高的類型
就是你的性格特質。
※檢測結果請翻閱第122頁。

TYPE.1

①以批判的態度面對事情。
②打斷別人說話，來發表自己的意見。
③重視傳統。
④無論工作或私生活都絕不遲到。
⑤嚴厲看待他人的錯誤與缺點。
⑥遵守社會規範與道德。
⑦重視責任感。
⑧不斷追求理想。
⑨嚴格遵守規定與規則。
⑩常說「應該要……」。

總計　　　　分

TYPE.2

①真心認同對方說的話並用心傾聽。
②會找出對方的優點並不吝稱讚。
③無論面對任何事都能隨機應變。
③不會拒絕別人的請求，將別人的事當成自己的事。
⑤寬容看待別人的錯誤與缺點。
⑥看到別人幸福，自己也會很開心。
⑦一手包辦做飯、洗衣服、與打掃等家事。
⑧看到有人需要幫忙會主動伸出援手。
⑨重視人情義理。
⑩積極參與義工活動。

總計　　　　　分

TYPE.3

①相信理性勝過感性。
②會認清現實，冷靜做決定。
③動作靈敏，做事有效率。
④說話時會看著對方的眼睛。
⑤出門購物或旅行前會建立完美計畫。
⑥對於事物和情勢的判斷都很精準。
⑦會收集各種資訊，從各個角度做出綜合判斷。
⑧做決定時不參雜個人情緒，理性判斷。
⑨與別人爭論時也不會情緒化。
⑩常說「為什麼？」「怎麼會？」

總計　　　　　分

TYPE.4

①相信自己的直覺勝過理論。
②凡事毫不設限、自由奔放。
③沒辦法坐著不動。
④喜形於色，無法掩飾情緒。
⑤有話直說，不考慮後果。
⑥認為自己很任性。
⑦好奇心旺盛。
⑧不在乎周遭別人的想法。
⑨想要的東西一定要得到。
⑩遇到令自己驚訝的事情會直接表現出來。

總計　　　　分

TYPE.5

①在意別人的想法。
②善於察言觀色，與周遭相處融洽。
③面對討厭的事情會找理由往後延。
④即使心有不滿也會忍耐。
⑤屬於會看別人臉色的類型。
⑥無法坦率說出心中的想法。
⑦善於找藉口。
⑧會盡一切努力討他人歡心。
⑨面對任何事都考慮太多，個性消極。
⑩會脫口說出「不好意思」、「對不起」。

總計　　　　分

人際溝通分析・檢測結果

TYPE.1 的分數最高者屬於

CP（Controlled Parent）＝威權型父母

◉ 搭電車時看到年輕人坐在博愛座就想要說教，屬於道德心重且具有強烈責任感的類型，也可說是不通人情的「頑固老爸」。不只是完美主義者，也會嚴格要求孩子，這一點應多加小心。有時要寬容看待孩子「失敗或偷懶」的行為。

TYPE.2 的分數最高者屬於

NP（Nurturing Parent）＝照顧型父母

◉ 屬於否定自己、肯定他人的類型。能設身處地為他人著想，也容易依賴他人，可說是「溫柔媽媽」的典型。值得注意的是，若是過度保護小孩，容易變成「愛管閒事的媽媽」。為了訓練孩子獨立，請務必適時放手。

TYPE.3 的分數最高者屬於

A（Adult）＝講理型父母

◉ 無論工作或生活都詳細規畫，重視知性勝過感性的「理性主義者」。對數字很敏銳，擅長收集資訊。喜歡參考數據資料，也喜歡將孩子的成長過程或念書成績，製作成書面資料或統計數據給孩子看。話說回來，凡事講求邏輯與道理固然重要，但對孩子而言，不快樂就無法持續下去，一定要特別注意。

TYPE.4 的分數最高者屬於

FC（Free Child）＝自由兒童

◉ 喜歡時尚潮流，時時刻刻都在探尋有趣事物，屬於「追求潮流」的類型。對新奇事物感興趣時，會表現出積極態度，但很快就會感到厭倦，不喜歡需要長期抗戰、默默耕耘的事物。對於事物的熱情千萬不要比小孩還快退燒。

TYPE.5 的分數最高者屬於

AC（Adapting Child）＝適應兒童

◉ 屬於在意他人眼光，強烈依賴他人的類型。雖然都有一個「C」，但與FC的特質完全相反，容易累積壓力。這類型的家長凡事應量力而為，與自己信任的人商量後再面對孩子，效果會更好。

中野・詹姆士・修一親自回答！

〈小孩還在念小學〉的父親煩惱諮詢室

[飲食相關煩惱]

Q 喝蔬果汁有效嗎？（父／40~45歲・子／小3）

A 誠如我在第44頁所說，不要只喝蔬果汁，應該要多吃蔬菜。重點不是在於吃蔬菜會變健康，而是在於不要偏食，蔬菜搭配其他食物一起吃，均衡飲食才是重要關鍵。

Q 什麼樣的早餐既方便又營養？（父／40~45歲・子／小5）

A 如果只考量必需營養素，只要吃雞蛋和柳橙汁就夠了。但每天都吃一樣的早餐，這樣孩子也太可憐了。請遵循每天吃14種食物的觀念，調配每天的早餐。讓孩子覺得「早餐時間＝快樂時光」，這才是最理想的早餐型態。

[學習相關煩惱]

Q 可以幫孩子報名體操教室嗎？（父／30~35歲・子／小2）

A 體操的墊上運動可以讓孩子學到很多有益身體發展的動作，不過也有許多伸展動作會造成關節負擔，請務必選擇了解成長期兒童的身體特徵，且專門招收兒童學員的體操教室學習。

Q 我聽說游泳對小孩很好，還有沒有其他適合小孩的運動？（父／46~50歲・子／小4）

A 游泳可以幫助調節體溫，讓小孩不易感冒，且是左右對稱的運動，也不會對關節施加多餘的重力，最適合成長期的孩子。除此之外，只要是孩子「想從事」的運動，就讓孩子盡情嘗試，較容易養成運動習慣。

Q 我想讓孩子去學空手道……（父／30~35歲・子／小3）

A 空手道與體操運動都有相同問題，那就是有許多劈腿等強迫關節過度伸展的動作，請務必選擇了解成長期兒童的身體特徵，且專門招收兒童學員的道場學習。

Q 我想買能跑得更快的鞋子給孩子穿，可以嗎？（父／40~45歲・子／小3）

A 我不建議給孩子穿左右不對稱的鞋子，雖然沒有實際驗證，但這類鞋款可能會阻礙雙腳的健全發展。此外，我建議家長一定要帶孩子到專業的體育用品店，請店員測量孩子的鞋子尺寸。不合腳的鞋子對孩子的傷害，比左右不對稱的鞋子還要大。

Q 我的孩子愈來愈胖，我想讓他從事慢跑運動。（父／40~45歲・子／小4）

A 長時間沒運動的人，剛開始請搭配走路，再慢慢增加強度。如果一開始就下猛藥，不僅無法養成習慣，也容易讓膝蓋受傷。體重過重時，不只會導致膝蓋受傷，也會造成腰部負擔。可搭配在泳池裡做水中漫步，就能避免受傷，安全運動。

[未來相關煩惱]

Q 左撇子是否需要改成慣用右手？（父／35~40歲・子／小1）

A 左撇子並不影響身體機能，我自己就是左撇子。

Q 我想讓孩子成為棒球選手，可以給我一些意見嗎？（父／35~40歲・子／小2）

A 由於您的小孩才小學2年級，不要讓他只做棒球這類左右不對稱的運動，要搭配左右對稱的運動，才能均衡骨骼發展。練習棒球時，也不要過度使用慣用手的肩膀與手肘。

後記

各位的孩子有一天可能會站上奧運舞台——

這個說法或許有點誇張，但並不是不可能的事情。即使我現在正在指導被譽為最有可能成為倫敦奧運金牌的國家代表隊選手，但我小時候第一次踏進游泳教室時，從來沒想過長大後會有現在的成就。

如果本書能幫助各位的小孩未來有機會站上奧運舞台，那就是身為作者的我最大的榮幸。

重點不是只有功成名就而已。

讓孩子變開朗、體育成績突飛猛進、身體變健康、促進親子溝通……這些「微小又正面的改變」才是千金難買的收穫。

衷心希望本書也能讓家長與孩子們變得更好。

老實說，當初出版社邀我撰寫本書時，我的第一個反應就是「婉拒」。我的工作很忙，但婉拒的原因並不是只有這個，最大的原因就是——我本身沒有小孩。

回顧我的職涯人生，我大部分時間都在從事教練工作，但本書的重點卻在於「親子」，這讓沒有小孩的我感到卻步，遲遲無法做決定。

「家長會想要看沒有小孩的體適能教練寫的書嗎……？」

我問自己這個問題，最後還是決定婉拒。於是我透過經紀人表達婉拒的意思，沒想到編輯依舊不屈不撓地邀請我接下這份工作。

編輯跟我說：「很多家長都十分擔心他們的小孩運動能力變差，希望您能教他們可以在家做的運動，讓他們了解家人才能做到的事情。」

聽到這番話，也感受到編輯的誠意，最後我答應撰寫本書。

從此之後，我就每天都過著與書稿奮戰的日子。我參閱了所有兒童體育指導專家所寫的論文，更重新研讀學生時代學過的兒童發育與身心發展等各種理論，再加上過去我擔任教練的經驗、學習到的知識與理論，逐漸釐清我想要提醒各位家長的觀念，終於完成了這一本運動訓練書籍。

我從以前就堅信「書籍具有讓人起而行的力量」，我很喜歡閱讀，這一生受到許多書籍感動，因此我想要認真面對每一本書。衷心期待這本書也能感動各位，成為幫助小孩「動起來」的實用書。

最後，我要深深感謝給予我全新挑戰與學習機會的編輯笹本健兒先生、協助本書撰文的工作人員森本浩之先生、以及佐藤基之先生。最重要的是，還要感謝購買並閱讀本書的讀者，謝謝各位。

2012年5月　中野・詹姆士・修一

參考・引用文獻

〈柔軟度科學現狀與發育、成長暨運動指導〉淺井利夫・採訪報導
《孩子大腦發展遲緩的原因》（大修館書店）麥可・J・艾爾特（Michael J. Alter）・著／山本利春・監譯
《一起來玩抗力球》（Kids on the ball／Gymnic）長谷川聖修・監譯

《教練技術研究雜誌》（Coaching Clinic／棒球雜誌社）
2005年2月號……………………〈現代小孩與一人遊戲和溝通現況〉寺澤宏次・採訪報導
2005年2月號……………………〈利用抗力球和雜耍進行的兒童訓練操〉沖田祐藏・採訪報導
2005年2月號……………………〈新進運動員的自我防護重點〉吉田仁・採訪報導
2006年4月號……………………〈兒童運動指導的觀念與建議〉日高哲朗・採訪報導
2006年4月號……………………〈透過團體運動培育的心靈與身體〉鈴木良和・採訪報導
2006年4月號……………………〈促進幼兒・兒童發育發展的新運動課程〉中村和彥・採訪報導
2011年1月號……………………〈對照發育曲線，確認孩子的發育情形〉鈴木志保子・採訪報導
2011年1月號……………………〈運動教練應注意的兒童期肌力訓練法〉有賀誠司・採訪報導

《自我效能感的臨床心理學》（北大路書房）坂野雄二、前田基成・編著
《由你主演的遊戲與劇本》（團隊醫療）杉田峰康・著
《超圖解！今日的伸展操！跟著77天的伸展操日曆做運動：體適能教練的3分鐘、3步驟、77天健身計劃》（悅知文化）中野・詹姆士・修一・監修
《社會菁英提升幹勁的10個方法》（SOFTBANK新書）中野・詹姆士・修一・著

國家圖書館出版品預行編目資料

建立自信、鍛鍊體能、提升學習力--跟運動教練教出專注不放棄的孩子
中野・詹姆士・修一著；游韻馨譯－一版.臺北市：
臉譜出版：家庭傳媒城邦分公司發行，2013.7
面；公分——（生活風格；FJ1028）
譯自：子どもの運動神経をグングン伸ばすスポーツの教科書
ISBN：978-986-235-267-0（平裝）
1.運動訓練
528.923 102011379

臉譜 生活風格 FJ1028

建立自信、鍛鍊體能、提升學習力
跟運動教練教出專注不放棄的孩子

子どもの運動神経をグングン伸ばすスポーツの教科書

原著作者 中野・詹姆士・修一
譯者 游韻馨
責任編輯 胡文瓊
封面 巫麗雪
排版 漾格科技股份有限公司
行銷企劃 陳彩玉、陳玫潾、蔡宛玲
發行人 涂玉雲
出版 臉譜出版
城邦文化事業股份有限公司
台北市民生東路二段141號5樓
電話：886-2-25007696 傳真：886-2-25001952
發行 英屬蓋曼群島商家庭傳媒股份有限公司城邦分公司
台北市中山區民生東路141號11樓
客服服務專線：02-25007718；25007719
24小時傳真專線：02-25001990；25001991
服務時間：週一至週五上午09:30-12:00；下午13:30-17:00
畫撥帳號：19863813 戶名：書虫股份有限公司
讀者服務信箱：service@readingclub.com.tw
城邦網址：http://www.cite.com.tw
香港發行所 城邦（香港）出版集團有限公司
香港灣仔駱克道193號東超商業中心1樓
電話：852-25086231或25086217 傳真：852-25789337
電子信箱：citehk@hknet.com
新馬發行所 城邦（新、馬）出版集團
Cite（M）Sdn. Bhd.（458372U）
41, Jalan Radin Anum, Bandar Baru Sri Petaling,
57000 Kuala Lumpur, Malaysia.
電話：603-90578822 傳真：603-90576622
一版一刷 2013年7月

ISBN：978-986-235-267-0

售價：*260*元 HK$87

（本書如有缺頁、破損、倒裝、請寄回更換）